ALESSANDRO MERLI

MARKETING CONDOMINIALE

Come Acquisire Nuovi Condomini e Triplicare il Fatturato della Tua Attività di Gestione

Titolo

"MARKETING CONDOMINIALE"

Autore

Alessandro Merli

Editore

Bruno Editore

Sito internet

http://www.brunoeditore.it

Sommario

Introduzione

Perché scrivere un libro sul marketing per amministratori di condominio? Perché questo è un mercato dalle enormi possibilità.

Gli amministratori condominiali in Italia sono 300.000, più del triplo di tutti quelli dei paesi dell'UE messi insieme. Si pensi alla Francia (14.000), alla Spagna (15.800), alla Germania (20.000), paesi in cui le statistiche indicano un amministratore ogni 4.000 abitanti; i palazzi sono 930.000, per un giro d'affari di quindici miliardi.

In più il mercato *property* in Italia è privo di regole e di norme che regolamentino lo svolgimento della professione, anche se l'amministratore è al centro di innumerevoli leggi ed è soggetto a responsabilità civili e penali.

Il fatto è che in Italia il giro d'affari da condominio è sostanzioso: le stime indicano che il business di questo settore si può considerare pari a circa l'1,1% del PIL nazionale, quantificabile tra i 13,7 e i 15,4 miliardi di euro. Inoltre in Italia si contano circa 930.000 condomini, di cui 740.000 con codice fiscale e una spesa annua gestita per unità immobiliare di 1.400 euro (ripartiti in 25.8% per i costi energetici, 12,9% per i costi edili e delle PMI artigiane ovvero delle manutenzioni ordinarie, 10,4% per i servizi e i lavori autonomi, 8% per le ristrutturazioni, 7,2% per i servizi di portierato, 3,1% per le imposte e le tasse, 2,6% per le consulenze). Oltre 2.000 procedimenti civili per liti da pianerottolo davanti al giudice di pace, e sette liti su dieci che si risolvono all'interno dell'assemblea tra vicini.

Di fatto la percezione culturale fa sì che i condomini percepiscano il ruolo dell'amministratore come quello di un mero contabile, mentre le norme lo pongono al centro di una miriade di responsabilità (oltre novanta di queste sono di natura penale). Quindi, di riflesso, si può dire che c'è una scarsa cultura condominiale e una scarsa percezione degli immobili che andrebbero mantenuti proattivamente e non riparando solo ciò che si guasta.

Direi che da questi primi dati si può già capire l'importanza di questo mercato, nel quale sapere come creare correttamente un corposo giro di clientela può divenire un'interessante fonte di lavoro. Come in tutte le attività imprenditoriali, infatti, se non si conoscono e utilizzano determinate tecniche di marketing, si ottiene solamente una rapida e dolorosa sconfitta, con conseguente uscita dal mercato, un'opzione che non ci possiamo permettere di prendere in considerazione.

Questo corso si può considerare unico nel suo genere in quanto, per primo si preoccupa di illustrare in modo semplice gli aspetti del marketing che interessano il mondo del condominio. Essi sono validi sia per un amministratore alle prime armi che vuole acquisire una prima base di clienti, sia per un amministratore esperto che vuole ampliare il proprio giro.

Dopo il mio primo volume *Diventare amministratore di condominio* in cui ho introdotto l'interessante materia dell'amministrazione condominiale, ho ritenuto doveroso approfondire per primo il tema del marketing. Questo per fornire una visione sempre più completa e interessante della materia, procurando agli interessati il metodo per distinguersi all'interno del mercato, massimizzando i clienti in poche e semplici mosse.

Per quanto riguarda le strategie che esporrò nei prossimi capitoli, devo precisare che sono tutte, frutto della mia esperienza, che non viene dai libri di testo ma direttamente dalla realtà lavorativa in cui opero: perciò, con questo corso non ho la presunzione di descrivere il modo perfetto di avere successo in questo settore, ma voglio solo riportare come, a mio parere, si può iniziare e sviluppare un'attività di amministrazione condominiale vincente.

Ovviamente, come in tutte le attività imprenditoriali, i risultati sono possibili solamente se ci si mette impegno, determinazione, e se si usano le giuste strategie. Quindi, se non possedete la giusta volontà, la lettura di questo corso è completamente inutile; ma se vi sentite bramosi di distinguervi dalla massa, questo corso è senza dubbio quello che fa al caso vostro.

Non mi resta che augurare a tutti una buona lettura.

CAPITOLO 1:

Come riconoscere concorrenti e clienti

Il mercato

Il mercato è definibile come «il punto di incontro tra domanda ed offerta di ogni prodotto/servizio presenti in una determinata area geografica». Perciò, stabilito il nostro perimetro d'azione, la prima cosa da fare è determinare il valore della domanda e dell'offerta presenti al suo interno.

SEGRETO n. 1: per una determinata area nella quale si commerciano determinati prodotti, si può definire un mercato, ossia un punto di incontro tra la domanda (clienti) e l'offerta (fornitori) dei prodotti scambiati entro i confini geografici dell'area in oggetto.

Stabilire il perimetro d'azione è abbastanza facile, bisogna solo determinare fino a dove ci vogliamo spingere per la fornitura dei nostri prodotti/servizi. La difficoltà sta nell'individuare le nostre potenzialità iniziali. Anche se teoricamente l'area d'azione dovrebbe essere più ampia possibile, conviene definire un perimetro d'azione iniziale abbastanza ristretto in modo da limitare gli spostamenti, velocizzando al tempo stesso la nostra presenza sul campo: presumibilmente, almeno all'inizio della nostra fortunata e soddisfacente carriera, saremo soli. Quindi, per guadagnare tempo dovremo stare in macchina il meno possibile.

Una buona tecnica è fissare il centro del mercato nel luogo in cui si trova la sede del nostro studio professionale, iniziando l'analisi nell'area geografica più vicina alla nostra attività. Proseguiremo poi secondo l'andamento di una spirale la cui dimensione è proporzionale al numero di collaboratori del nostro studio professionale.

L'importante è fare tutto secondo le nostre reali possibilità senza mai cadere nell'errore di fare il passo più lungo della gamba.

SEGRETO n. 2: mai commettere l'errore di fare il passo più lungo della gamba: prima determiniamo le nostre reali capacità, poi agiamo sempre in base ad esse; in caso contrario otterremo solamente delle perdite.

Fissato il perimetro del mercato, bisogna pensare ad analizzarne le possibili figure che operano al suo interno. Molto semplicemente la domanda rappresenta i clienti, l'offerta rappresenta i concorrenti. Definire correttamente il mercato di interesse vuol dire capire precisamente sia la quantità, sia la tipologia di clienti e di concorrenti presenti nell'area geografica che ci interessa.

I concorrenti

La distinzione del valore dei concorrenti

Come ho anticipato nell'introduzione, in Italia ci sono circa 300.000 amministratori condominiali, ma saranno tutti uguali? Ovviamente no! È per questo che prima di andare a cercare tutti i concorrenti, dovremo procedere con l'eseguire una distinzione.

A mio avviso le possibili tipologie di concorrenti nell'ambito del condominio possono essere:

- i grandi amministratori;
- gli amministratori singoli;
- i dopolavoristi.

Il principale fattore di discriminazione per la distinzione delle varie tipologie di concorrenti è il numero di condomini amministrati. Ovviamente questo non può essere l'unico fattore da prendere in considerazione, ma sicuramente contribuisce in modo essenziale alla divisione delle tipologie.

SEGRETO n. 3: un modo per classificare i concorrenti è quello basato su grandezza e autorevolezza: grandi amministratori (società di servizi o studi associati), amministratori singoli (piccoli studi professionali composti dal titolare e al massimo un collaboratore), dopolavoristi (personaggi che amministrano il loro condominio in autonomia).

I grandi amministratori

Questa tipologia di concorrenti è composta di società di servizi o da studi associati, entrambi composti da un minimo di due amministratori. Si possono occupare solamente di amministrazione o possono anche proporre offerte ad essa legate. Offrono un ampissimo ventaglio di servizi che culmina con possibili offerte di gestione completa o "chiavi in mano". Questa tipologia di amministratori offre:

- autorità;

- sicurezza;
- stabilità;
- quantità di servizi offerti;

Vista la natura del lavoro, questo tipo di amministratori non sono molto comuni e si trovano più di frequente nelle grandi città, anche se è possibile incontrarne anche nelle piccole città di provincia.

A mio avviso, studi di tale portata dovrebbero amministrare almeno cento condomini (con preferenza per quelli di grandi dimensioni), e offrire sia un servizio di amministrazione completo (composto da amministrazione ordinaria, amministrazione straordinaria, gestione fiscale), sia servizi accessori (che possono spaziare da servizi tecnici di progettazione e gestione, fino a servizi operativi come ad esempio imprese edili, di pulizie, di giardinaggio ecc.). Per questo devono essere ben strutturati e tecnicamente preparati: sono i concorrenti peggiori che possiamo avere.

SEGRETO n. 4: I grandi amministratori hanno prerogative di autorità, sicurezza, stabilità, quantità dei servizi offerti, a

discapito di caratteristiche quali velocità e flessibilità.

Gli amministratori singoli

Questa tipologia di concorrenti è molto diffusa in quanto, è composta da professionisti di piccoli studi (di solito geometri, ingegneri e altre figure tecniche, anche se negli ultimi anni si può riscontrare anche la presenza di commercialisti e addirittura di avvocati) normalmente composti da una o due persone (ossia da titolare e segretari/e). Questa tipologia di amministratori offre:

- prezzo competitivo;
- velocità;
- flessibilità;
- qualità dei servizi offerti;

Vista la natura del lavoro di amministrazione, essi sono molto comuni, si trovano sia nelle città sia nei medi e grandi paesi, e di fatto rappresentano il maggior numero di amministratori in attività presenti sul mercato.

A mio avviso, studi di tale portata dovrebbero amministrare non più di cinquanta condomini (con preferenza per quelli di medie e piccole dimensioni) senza offrire servizi accessori in quanto, sono di fatto privi di struttura (possono contare solamente sulla preparazione e sulla determinazione del titolare). Per questo sono adatti per effettuare l'amministrazione ordinaria, l'amministrazione straordinaria, ed eventualmente la gestione fiscale (anche se mediamente la preferenza è "subappaltare" al contabile di fiducia tutto quanto riguarda gli oneri tributari e fiscali): rappresentano la tipologia tipica di concorrenti che possiamo avere.

SEGRETO n. 5: gli amministratori singoli hanno prerogative di prezzo competitivo, velocità, flessibilità, qualità dei servizi offerti, a discapito di caratteristiche quali autorità e stabilità.

I dopolavoristi

Questa tipologia di concorrenti è atipica e purtroppo ha contribuito nel tempo a creare un'enorme quantità di condomini dei quali non si hanno dati certi. Questa categoria è composta da dopolavoristi, pensionati, e altre figure che amministrano il condominio in cui risiedono a titolo più o meno gratuito. Questa tipologia di amministratori offre:

- gratuità delle opere eseguite.

Anche se i dopolavoristi sono destinati a scomparire a causa della complessità e dell'ampiezza della materia dell'amministrazione (che richiede sempre più figure professionali e specializzate), in tutto il territorio italiano tale fenomeno ha portato e porta tuttora non pochi problemi a chi vuole esercitare la professione di amministratore condominiale professionista. In primo luogo ci sono tantissimi condomini che vengono "nascosti" dalle ricerche di mercato (come anticipato prima, in Italia ci sono 930.000 condomini, di cui 740.000 con codice fiscale, per cui di fatto ci sono circa 140.000 condomini di cui non si sa nulla). In secondo luogo ci sono tantissimi amministratori dopolavoristi che non sono quantificabili a priori (se è vero che ci sono 300.000 amministratori condominiali professionisti, quanti dopolavoristi ci saranno?).

A mio avviso, i dopolavoristi dovrebbero amministrare solo il loro condominio senza offrire servizi accessori, in quanto sono di fatto privi di struttura: non rappresentano dei possibili concorrenti. Ma, per i motivi sopra citati, introducono un livello inaccettabile di confusione nel mercato dei condomini, che rende la vita molto più difficile a chi vuole intraprendere un'attività in questo contesto.

SEGRETO n. 6: i dopolavoristi hanno una sola prerogativa, ossia il prezzo competitivo se non del tutto gratuito, a discapito di ogni altra caratteristica degli amministratori professionisti.

Divisione schematica dei concorrenti

Per fissare bene le idee, ritengo utile e necessario riportare in forma schematica le tipologie di concorrenti sopra riportate, in modo da chiarire quanto scritto.

Tabella n. 1 – Tipologie di concorrenti

TIPOLOGIA CONCORRENTI	TIPOLOGIA SERVIZI	Q.TA' CONDOMINI AMMINISTRATI	TIPO CONDOMINI AMMINISTRATI
Grandi amministratori (società di servizi o studi associati, minimo due amministratori)	- Amministrazione oridinaria - Amministrazione straordinaria - Gestione fiscale - Servizi accessori	Almeno 100	Preferenza ai condomini di grandi dimensioni
Singoli amministratori (studio professionale con titolare e segretari/e)	- Amministrazione oridinaria - Amministrazione straordinaria - Gestione fiscale	Non più di 50	Preferenza ai condomini di medie e piccole dimensioni
Dopolavoristi	- Amministrazione generica	Uno solo	Dimensioni del proprio condominio

I clienti

La distinzione del valore dei clienti

Come ho anticipato nell'introduzione, in Italia ci sono circa 930.000 condomini (il 75% della popolazione italiana vive in condominio e altri, pur non vivendo in condominio, lavorano in immobili direzionali, commerciali e industriali siti in condomini, quindi si può affermare che circa il 90% della popolazione ha a che fare quotidianamente con questo settore). Ma saranno tutti uguali? Ovviamente no! È per questo che prima di andare a cercare tutti i clienti dovremmo procedere con l'eseguire una distinzione.

A mio avviso le possibili tipologie di concorrenti nell'ambito del condominio possono essere:

- i condomini grandi;
- i condomini medi;
- i condomini piccoli;
- i condomini nuovi.

Il principale fattore di discriminazione è il numero di unità immobiliari che costituiscono il condominio in oggetto. Questo non è l'unico fattore da prendere in considerazione, ma sicuramente è il più importante in quanto, tutti gli altri dipendono più o meno direttamente da esso.

SEGRETO n. 7: un modo per classificare i clienti è quello basato su grandezza e difficoltà di gestione: condomini grandi (almeno 40 unità immobiliari), condomini medi (da 20 a 39 unità immobiliari), condomini piccoli (da 5 a 19 unità immobiliari), condomini nuovi.

Condomini grandi

Possiamo definire condomini grandi quelli composti da almeno

40 unità immobiliari. Inutile dire che corrispondono alla tipologia di immobile più ricercato da amministrare (se si potessero considerare come scatole nere, teoriche e senza problemi, sarebbero ottimi clienti perché con il minimo sforzo, da un solo cliente potrebbe arrivare un grande fatturato). Ovviamente visto che la vita reale non è fatta di sola teoria, ma anche di pratica, sono anche i più problematici e difficili da amministrare.

Sono i più ricercati perché portano buoni guadagni, ma sono problematici poiché, essendo fisicamente grandi, è facile che al loro interno siano presenti le più disparate situazioni. Sono difficili da amministrare, perché per prendere anche le più semplici e ovvie decisioni, sono necessarie maggioranze che, considerato il numero di condòmini, sono sempre molto ampie.

I grandi condomini sono, insieme ai super condomini, i più difficili da prendere in gestione in quanto, come per le altre decisioni, il cambio dell'amministratore (maggioranza doppia, sia dei condomini sia dei millesimi di proprietà) risulta una operazione avente un'inerzia enorme e difficilissima da portare a termine.

Dalla mia esperienza personale ho potuto riscontrare che mediamente, i grandi condomini preferiscono i "grandi amministratori", in quanto per questa tipologia di immobili le caratteristiche ricercate nell'amministrazione sono l'autorità, la sicurezza, la stabilità, la quantità di servizi offerti. Questo a discapito di caratteristiche che sono proprie dei "singoli amministratori", quali il prezzo competitivo, la velocità, la flessibilità, la qualità dei servizi offerti.

Il mio personale consiglio è di fare un po' di pratica con condomini medi e piccoli, prima di cimentarsi con immobili con queste caratteristiche.

SEGRETO n. 8: i condomini grandi necessitano di amministratori che abbiano caratteristiche di autorità, sicurezza, stabilità, quantità dei servizi offerti.

Condomini medi

Possiamo definire condomini medi quelli composti da un minimo di 20 ad un massimo di 39 unità immobiliari. È la tipologia di immobile che mediamente porta le maggiori soddisfazioni economiche, poiché vi sono sufficienti unità immobiliari per aver un buon guadagno e non essendo troppo grandi non presentano troppe problematiche.

I condomini medi non sono così difficili da prendere in gestione in quanto, come per le altre decisioni, per il cambio dell'amministratore (maggioranza doppia, sia dei condomini sia dei millesimi di proprietà). Basta convincere cinque o sei condòmini. Infatti, nei condomini di medie dimensioni, di fatto i condòmini si conoscono abbastanza bene e, quando un gruppo di questi si è convinto di qualche cosa, riesce agevolmente a influenzare un buon numero di persone (o comunque tale) da garantire la maggioranza per il cambio di gestione.

Dalla mia esperienza personale ho potuto riscontrare che mediamente i condomini medi preferiscono i "singoli amministratori". Infatti, per questa tipologia di immobili, le caratteristiche ricercate nell'amministrazione sono il prezzo competitivo, la velocità, la flessibilità e la qualità dei servizi offerti. Questo a discapito di caratteristiche che sono proprie dei "grandi amministratori" quali l'autorità, la sicurezza, la stabilità e la quantità di servizi offerti. Ovviamente più ci si avvicina alle 39 unità immobiliari, più saranno preferite le caratteristiche proprie dei "grandi amministratori"; mentre più ci si avvicina alle 20 unità immobiliari, più saranno preferite le caratteristiche proprie dei "singoli amministratori".

Considerando che i condomini medi sono un'ottima fonte di guadagno e sono mediamente portati ai cambi di amministrazione, questa tipologia di immobili è quella più bersagliata dalle attenzioni di molti amministratori professionisti.

SEGRETO n. 9: i condomini medi necessitano di amministratori che hanno caratteristiche di prezzo competitivo, velocità, flessibilità, qualità dei servizi offerti.

Condomini piccoli

Possiamo definire condomini piccoli quelli composti da un minimo di 5 fino ad un massimo di 19 unità immobiliari. Anche se un immobile è da considerarsi "condominio", se possiede più di quattro unità immobiliari e più di quattro proprietari, si può tranquillamente affermare che i condomini fino alle 8/10 unità immobiliari non hanno di fatto un amministratore. In più se non hanno particolari problemi, non sono nemmeno molto propensi a dotarsi di un amministratore professionista. Per questi motivi, i condomini piccoli rappresentano il tipo di immobile ideale per i “dopolavoristi”.

I condomini piccoli ovviamente sono i più facili e meno problematici da amministrare, ma sono anche quelli che portano meno guadagno. Di solito non presentano problemi, a parte quello del contenimento delle spese.

Dalla mia esperienza personale ho potuto riscontrare che mediamente, i condomini piccoli preferiscono i “singoli amministratori” in quanto, per questa tipologia di immobili, le caratteristiche ricercate nell’amministrazione sono il prezzo competitivo, la velocità, la flessibilità e la qualità dei servizi offerti. Ovviamente più ci si avvicina alle 5 unità immobiliari più le caratteristiche ricercate nell’amministrazione si riducono ad una: il prezzo; mentre più ci si avvicina alle 19 unità immobiliari, più verranno preferite tutte le caratteristiche proprie dei “singoli amministratori”.

Considerando che i condomini piccoli non sono una buona fonte di guadagno e sono mediamente portati a farsi amministrare da "dopolavoristi", questa tipologia di immobili è quella in assoluto meno bersagliata dall'attenzione di molti amministratori professionisti.

SEGRETO n. 10: i condomini piccoli necessitano di amministratori che garantiscano prezzi competitivi, velocità, flessibilità, qualità dei servizi offerti.

Condomini nuovi

I condomini che ho descritto finora si intendevano come edifici esistenti, già dotati di condòmini e amministratore, ma esiste anche un'ulteriore categoria di immobili che possiamo definire come la categoria dei *condomini nuovi.*

Quando un condominio viene costruito, alla fine dei lavori il costruttore si preoccupa di vendere i vari appartamenti facenti parte dell'edificio. Oltre a tutte le operazioni urbanistiche, catastali, comunali, il costruttore deve eseguire la divisione dei millesimi, redigere il regolamento contrattuale del condominio, e nominare il primo amministratore (eventualmente l'amministratore nominato può eseguire egli stesso la divisione dei millesimi e la stesura del regolamento contrattuale).

Questo è l'unico caso nella vita del condominio in cui l'amministratore non viene nominato dall'assemblea dei condomini (o dall'Autorità Giudiziaria se l'assemblea non provvede autonomamente), perciò in questa tipologia di immobili i nostri clienti non sono i condòmini ma è direttamente il costruttore dell'edificio.

Sfortunatamente, in un anno non vengono costruiti tanti condomini. Per questa motivazione questa tipologia di immobili di solito non risulta oggetto delle mire di molti amministratori. Per contro, i condomini nuovi sono palazzine che teoricamente non dovrebbero creare particolari problemi di gestione, per cui a mio avviso sono anche le più facili da gestire.

Considerando che in questo caso i nostri clienti non sono i condòmini ma sono i costruttori, la preferenza tra piccoli e grandi amministratori viene meno in quanto, prevalgono le caratteristiche che riusciamo a far percepire direttamente al nostro potenziale cliente, oltre ai servizi che possiamo offrirgli direttamente.

La caratteristica che di solito spicca agli occhi del costruttore (che nella sua vita lavorativa ovviamente ha visto una marea di amministratori) è la nostra credibilità: più riusciamo a farla percepire, e più possibilità abbiamo di prendere in gestione un determinato condominio dal suo costruttore. La nostra credibilità determinerà un senso di fiducia nel costruttore che ci reputerà quindi affidabili e saprà che su di noi potrà contare in caso di futuri problemi.

SEGRETO n. 11: per i condomini nuovi sono i costruttori a nominare il primo amministratore che gestirà la palazzina, la cui prerogativa principale è quella della credibilità verso il costruttore.

Il metodo migliore (e l'unico che conosco) per trovare condomini in costruzione, è setacciare la nostra area di mercato, cercando e fotografando i vari cartelli di cantiere in modo da avere in un colpo solo tutti i dati che ci servono: località, via, numero civico, dati del costruttore, data di fine lavori. Con questi dati alla mano, si contatterà in seguito il costruttore per ottenere l'incarico.

Contattare costruttori in altri modi (ad esempio, utilizzando liste da elenchi telefonici, database delle Camere di Commercio provinciali ecc.) senza sapere quali palazzine siano in costruzione, a mio avviso non è una mossa molto utile. Infatti, potremmo fare solamente visite di cortesia, informandoli unicamente di ciò di cui di occupiamo e nulla più, precludendoci l'opportunità di fare da subito offerte e/o preventivi mirati. Anche in questo caso bisogna sempre ricordarsi che il nostro fine ultimo è prendere in gestione dei condomini, cercando di perdere minor tempo e risorse possibili.

RIEPILOGO DEL CAPITOLO 1:

- SEGRETO n. 1: Per una determinata area nella quale si commerciano determinati prodotti, si può definire un mercato, ovvero un punto di incontro tra la domanda (clienti) e l'offerta (fornitori) dei prodotti scambiati entro i confini geografici dell'area in oggetto.
- SEGRETO n. 2: Mai commettere l'errore di fare il passo più lungo della gamba: prima determiniamo le nostre reali capacità, poi agiamo sempre in base ad esse; in caso contrario otterremo solamente delle perdite.
- SEGRETO n. 3: Un modo per classificare i concorrenti è quello basato su grandezza e autorevolezza: grandi amministratori (società di servizi o studi associati), amministratori singoli (piccoli studi professionali composti dal titolare ed al massimo un collaboratore), dopolavoristi (personaggi che amministrano il loro condominio in autonomia).
- SEGRETO n. 4: I grandi amministratori hanno prerogative di autorità, sicurezza, stabilità, quantità dei servizi offerti, a discapito di caratteristiche quali velocità e flessibilità.
- SEGRETO n. 5: Gli amministratori singoli hanno prerogative di prezzo competitivo, velocità, flessibilità, qualità dei servizi

offerti, a discapito di caratteristiche quali autorità e stabilità.

- SEGRETO n. 6: I dopolavoristi hanno una sola prerogativa, ovvero il prezzo competitivo se non del tutto gratuito, a discapito di ogni altra caratteristica degli amministratori professionisti.
- SEGRETO n. 7: Un modo per classificare i clienti è quello basato su grandezza e difficoltà di gestione: condomini grandi (almeno 40 unità immobiliari), condomini medi (da 20 a 39 unità immobiliari), condomini piccoli (da 5 a 19 unità immobiliari), condomini nuovi.
- SEGRETO n. 8: I condomini grandi necessitano di amministratori che hanno caratteristiche di autorità, sicurezza, stabilità, quantità dei servizi offerti.
- SEGRETO n. 9: I condomini medi necessitano di amministratori che hanno caratteristiche di prezzo competitivo, velocità, flessibilità, qualità dei servizi offerti.
- SEGRETO n. 10: I condomini piccoli necessitano di amministratori che abbiano caratteristiche di prezzo competitivo, velocità, flessibilità, qualità dei servizi offerti.
- SEGRETO n. 11: Per i condomini nuovi sono i costruttori a nominare il primo amministratore che gestirà la palazzina, la cui prerogativa principale è quella della credibilità verso il

costruttore.

CAPITOLO 2:
Come determinare il mercato di interesse

La ricerca del mercato

Come anticipato prima, per ogni attività imprenditoriale è importantissimo stabilire il mercato di interesse nel quale si vuole agire. Per fare ciò bisogna prima stabilire il nostro perimetro d'azione e poi determinare sia il valore della domanda sia il valore dell'offerta presenti al suo interno. In seguito tutti i dati ricavati saranno utilizzati nella nostra analisi di mercato. A livello operativo la ricerca di mercato si sviluppa in tre momenti distinti: in un primo momento va preparata la documentazione delle aree geografiche di interesse (in ufficio). Poi vanno eseguiti i rilievi di tali aree (fuori ufficio), e infine si devono sistemare tutti i dati raccolti in opportuni registri (in ufficio).

Anche se queste operazioni sono molto facili da eseguire, quello che conta è definire a priori una procedura operativa che faciliti al massimo le operazioni, evitando inopportune perdite di tempo. A livello macroscopico i principali step della procedura sono:

- operazioni preliminari (da effettuare in ufficio);
- operazioni di rilevo (da effettuare fuori ufficio);
- operazioni conclusive (da effettuare in ufficio).

SEGRETO n. 12: la ricerca del mercato consiste in una procedura operativa composta prima da operazioni preliminari, alle quali seguono operazioni di rilievo e, infine, operazioni conclusive.

Di seguito sono specificate le varie sotto-categorie necessarie per ogni step principale.

Operazioni preliminari da effettuare in ufficio

Si tratta delle operazioni necessarie per preparare il campo ai vari rilievi da effettuare nell'area di mercato di interesse e possono essere suddivise in:

- **individuazione dell'area di interesse**: si tratta di individuare l'estensione massima del nostro mercato di interesse delimitandone inequivocabilmente i confini fisici; per fare questo si può utilizzare Google Maps, centrare l'area di interesse, stamparla, delimitare a mano il perimetro desiderato, e infine scannerizzare il tutto (in modo da poterlo riutilizzare più volte);

- **divisione in sub aree giornaliere**: si tratta, partendo dalla planimetria generale dell'area di interesse, di individuare, identificare e numerare delle sub aree (aventi ciascuna un'estensione basata sul tempo che ci si impiega per eseguire correttamente un rilievo di una giornata); per fare questo si può utilizzare la pianta generale dell'area di interesse, dividendola in piccole aree (si ottiene l'effetto di un puzzle i cui singoli tasselli sono rappresentati dalle sub aree). Poi si prepara per ciascuna sub area individuata una pianta (formato consigliato A4) di dimensioni che permettano una corretta visualizzazione di tutte le strade e possibilmente anche una distinzione di tutti gli immobili che si affacciano su ogni strada;
- **creazione dell'elenco delle mappe**: si tratta di mettere un po' d'ordine dopo aver effettuato le due operazioni sopra riportate, creando un vero e proprio elenco di mappe, nel quale in prima pagina vi è la mappa generale riportante l'area di interesse, divisa nelle singole sub aree; in seconda pagina vi è un indice in cui vengono individuate e ordinate tutte le piante particolari delle sub aree (in base al numero riportato nella pianta generale, e al numero di pagina in cui si trovano le mappe

particolari); nelle pagine successive vi sono tutte le mappe scaricate (ovviamente una per ogni pagina dell'elenco): questo permette di avere un unico documento, in cui posso trovare tutte le informazioni preliminari che mi serviranno durante i rilievi. Questo per non perdere tempo e per essere sicuri di individuare tutti i condomini presenti nella mia area di interesse, senza rischiare di tralasciarne qualcuno.

Operazioni di rilevo da effettuare fuori ufficio

Si tratta delle operazioni necessarie da eseguire in sede di rilievo, per cui, muniti dell'elenco sviluppato in ufficio e di una fotocamera digitale, ci dobbiamo portare fisicamente all'inizio della prima via della prima mappa dalla quale abbiamo scelto di cominciare a scandagliare l'area del nostro mercato di interesse, e prepararci a seguire i seguenti punti:

- **fotografare il cartello della via**: per ogni strada che facciamo passare (anche per quelle senza condomini) dobbiamo fare una foto a un cartello con il suo nome in modo da ricordarci, una volta tornati in ufficio, quante e quali strade abbiamo visitato;
- **fotografare il numero civico**: per ogni condominio che incontriamo (tutti gli immobili che hanno più di quattro unità immobiliari) dobbiamo fotografare il suo numero civico;

- **fotografare i citofoni**: per ogni condominio che incontriamo (tutti gli immobili che hanno più di quattro unità immobiliari) dobbiamo fotografare il citofono, in modo tale da riuscire a capire di quante unità immobiliari è composto l'immobile, e agevolare le operazioni conclusive in ufficio;
- **inserire la brochure illustrativa**: per evitare di fare giri a vuoto, già nella prima fase di rilievo è buona cosa (ma, al contrario dei passi precedenti, per ora non obbligatoria) inserire nelle cassette pubblicitarie una brochure della nostra attività (per il momento generica ma il più possibile accattivante). Questo per dare la possibilità a condòmini molto determinati di chiamare da subito (e senza ulteriori sforzi da parte nostra) noi, che siamo esperti amministratori;
- **rilevare i condomini fotografati**: per ogni condominio fotografato bisogna subito segnarsi sull'elenco mappe la sua posizione rispetto alla strada, il numero civico, il numero di unità immobiliari, in modo da avere subito un riferimento fisso.

Operazioni conclusive da effettuare in ufficio

La tabella dei dati di mercato: tutto il lavoro effettuato fuori ufficio serve esclusivamente per creare un nostro data base clienti, in modo da avere a portata di mano tutte le informazioni che ci interessano, per fare le nostre analisi di mercato. La tabella dei dati di mercato deve essere fatta in formato digitale (potrebbe esser fatta anche in formato cartaceo, ma io consiglio vivamente quello digitale perché, una volta compilata la tabella, sarà molto più facile e veloce modificarla e adattarla a tutte le nostre possibili esigenze). Personalmente utilizzo MS EXCEL (anche un altro programma avente le stesse caratteristiche andrà benissimo), che dovrà contenere tutte le indicazioni che abbiamo rilevato: sulle colonne andremo a scrivere la località, la via, il numero civico, le unità immobiliari di cui sono composti i condomini, il nome dei condòmini, il numero di telefono (infatti una volta noto il nome dei condòmini che abitano nel condominio X, nella via Y, al numero civico Z, utilizzando internet o gli elenchi telefonici cartacei, sarà immediato arrivare a tutti i numeri di telefono). Mentre sulle righe andremo a scrivere i dati rilevati.

Tabella n. 02 – Esempio di tabella dei dati di mercato

<table>
<tr><th>VIA</th><th>N.CIVICO</th><th>U.I.</th><th>Condòmini</th><th>Telefono</th></tr>
<tr><td rowspan="18">Via 001</td><td rowspan="4">1</td><td rowspan="4">4</td><td>XX</td><td>YY</td></tr>
<tr><td>XX</td><td>YY</td></tr>
<tr><td>XX</td><td>YY</td></tr>
<tr><td>XX</td><td>YY</td></tr>
<tr><td rowspan="6">2</td><td rowspan="6">6</td><td>XX</td><td>YY</td></tr>
<tr><td>XX</td><td>YY</td></tr>
<tr><td>XX</td><td>YY</td></tr>
<tr><td>XX</td><td>YY</td></tr>
<tr><td>XX</td><td>YY</td></tr>
<tr><td>XX</td><td>YY</td></tr>
<tr><td rowspan="8">3</td><td rowspan="8">8</td><td>XX</td><td>YY</td></tr>
<tr><td>XX</td><td>YY</td></tr>
<tr><td>XX</td><td>YY</td></tr>
<tr><td>XX</td><td>YY</td></tr>
<tr><td>XX</td><td>YY</td></tr>
<tr><td>XX</td><td>YY</td></tr>
<tr><td>XX</td><td>YY</td></tr>
<tr><td>XX</td><td>YY</td></tr>
</table>

Il mio consiglio è di eseguire con la massima perizia tutti i passi indicati nella procedura di ricerca di mercato, Perché ci offrirà una serie di dati che si possono ritenere fissi, che non subiranno grossi cambiamenti in futuro. Infatti, se da un lato è vero che i proprietari di un appartamento possono cambiare nel tempo, i dati dei condomini che maggiormente ci interessano (nome della strada, numero civico, numero di unità immobiliari) resteranno invariati per molti anni e, di conseguenza, gran parte del nostro lavoro di rilievo resterà corretto per molto tempo, garantendoci un vantaggio competitivo non da poco sui nostri concorrenti.

SEGRETO n. 13: il risultato della ricerca di mercato è la creazione del nostro personale data base clienti ovvero della nostra tabella dei dati di mercato, in modo da avere un solido punto di partenza per tutte le successive analisi di mercato che andremo a fare.

L'analisi del mercato

La procedura di ricerca di mercato ci ha portato a compilare, correttamente e completamente, la tabella dei dati di mercato per ogni singolo immobile presente nella nostra area di mercato e definibile "condominio".

A questo punto dobbiamo utilizzare al meglio la tabella in questione, andandola a manipolare per ottenere quanto ci serve per aggredire il mercato di nostro interesse.

La tabella clienti

La tabella dei dati di mercato è solamente un elenco di dati ricavabili tramite rilievo fisico e rappresenta un'ottima base di partenza per tutte le nostre analisi.

Ai dati presenti nella tabella di analisi di mercato dobbiamo affiancare un'altra serie di dati, questa volta più orientati al singolo condominio, che dovremo determinare tramite lo strumento della "telefonata informativa". Così si va a compilare un nuovo tipo di tabella (sviluppato su quanto riportato nella tabella dei dati di mercato) che chiameremo "tabella clienti".

SEGRETO n. 14: dalla tabella dei dati di mercato, aggiungendo ulteriori informazioni che andremo a carpire tramite le telefonate, ricaveremo la nostra tabella clienti.

Tabella n.03 – Esempio di tabella clienti

VIA	N.CIVICO	U.I.	Condòmini	Telefono	Data assembla	Nome amministratore	Soddisfazione amministratore	Positività amministratore	Negatività amministratore
Via 001	1	4	XX	YY					
			XX	YY					
			XX	YY					
			XX	YY					
	2	6	XX	YY					
			XX	YY					
			XX	YY					
			XX	YY					
			XX	YY					
			XX	YY					
	3	8	XX	YY					
			XX	YY					
			XX	YY					
			XX	YY					
			XX	YY					
			XX	YY					
			XX	YY					
			XX	YY					

Le voci che dobbiamo andare ad aggiungere nella tabella clienti sono dunque:

- **data dell'assemblea**: è molto importante sapere quando ci sarà l'assemblea ordinaria annuale perché, in base a quella data, sapremo quando concentrare i nostri sforzi commerciali su un determinato condominio;

- **nome dell'amministratore**: questo dato serve a creare il data base dei concorrenti e a capire quindi, com'è strutturata la nostra concorrenza;
- **soddisfazione dell'amministratore**: rappresenta il livello di soddisfazione che hanno i condomini nei confronti del loro amministratore in carica. Dato che non esistono condomini in cui ci sia un amministratore che vada bene per tutti, questo dato serve a capire da quali condòmini iniziare la nostra azione commerciale;
- **positività/negatività dell'amministratore**: queste due colonne servono sia per capire le aspettative dei singoli clienti verso chi deve amministrare il loro immobile, sia per capire quali sono i punti su cui andare a far leva e quelli da evitare nella nostra azione commerciale verso un determinato condominio.

La segmentazione

Dopo aver terminato la tabella clienti, si può tranquillamente dire che abbiamo determinato ogni aspetto del mercato di interesse, perciò a questo punto dobbiamo iniziare la fase di segmentazione. Dobbiamo quindi andare a individuare segmenti di clienti che abbiano dei parametri comuni. Questa fase ci aiuta anche a determinare i possibili bisogni dei clienti, a scegliere le nostre strategie commerciali, a implementare il giusto marketing operativo.

SEGRETO n. 15: quando avremo completato la nostra tabella clienti dobbiamo segmentare il mercato in gruppi di clienti aventi in comune determinate caratteristiche distintive.

La segmentazione può portare a tre tipologie ben distinte di strategie commerciali:

- **strategia indifferenziata**: si decide di utilizzare una sola offerta proponendola indistintamente a tutto il mercato;
- **strategia differenziata**: si decide di utilizzare più offerte, indirizzandole singolarmente a un egual numero di segmenti determinati (ogni segmento del mercato avrà una tipologia di offerta mirata alle sue caratteristiche);
- **strategia concentrata**: si decide di utilizzare una sola offerta proponendola solamente a uno dei segmenti determinati (senza preoccuparsi del resto del mercato).

Secondo la mia esperienza in campo di amministrazione condominiale, si possono eseguire due tipi di segmentazione:

- **segmentazione geografica**: equivale alla determinazione dell'estensione del mercato di interesse, ossia alla scelta di un'area d'azione entro la quale il mio posizionamento geografico mi permette di avere dei vantaggi rispetto ai concorrenti;

- **segmentazione per tipologia di condominio**: scelgo una delle tre tipologie di condomini in cui penso che le mie caratteristiche determinino vantaggi rispetto ai concorrenti;

L'ultimo step della segmentazione consiste nel determinare un modo per differenziarsi agli occhi della clientela, rispetto alla concorrenza.

La targhetizzazione

Eseguita una corretta segmentazione, bisogna decidere quale strategia tra quelle individuate (indifferenziata, differenziata, concentrata) vogliamo perseguire per portare a termine i nostri obiettivi.

La strategia indifferenziata (utilizzare una sola offerta proponendola indistintamente a tutto il mercato), è quella che è sempre stata utilizzata da tutti gli amministratori, sia da quelli presenti da più tempo sul mercato, sia dagli ultimi arrivati. Questi ultimi ovviamente cercano di copiare chi, prima di loro è riuscito a crearsi un cospicuo giro di affari. Il perno di tutta questa strategia è la capacità di acquisire più condomini possibili, a costo di fornire servizi scadenti e non all'altezza delle aspettative. Questo di fatto, abbassa il livello medio di qualità del mercato, portando i clienti a pensare che tanto un amministratore vale l'altro, e quindi è inutile cambiare. Inutile dire che la strategia indifferenziata, nel mercato del condominio non è nemmeno da prendere in considerazione.

La strategia differenziata (utilizzare più offerte indirizzandole singolarmente verso un egual numero di segmenti determinati), è quella che viene seguita dai grandi studi di amministrazione. Infatti, viste le loro capacità interne, essi possono determinare più segmenti ed elaborare per ognuno offerte mirate, che aiutino i vari gruppi omogenei di clienti a soddisfare i loro bisogni.

La strategia concentrata (utilizzare una sola offerta proponendola solamente a uno dei segmenti determinati), è quella che deve essere seguita dagli amministratori singoli, sia da quelli che devono ancora partire con la propria attività, sia da quelli che vogliono implementare il loro giro di clientela. Ecco cosa deve fare quindi questo tipo di amministratore di condominio:

- rilevare, definire, analizzare, segmentare il mercato;
- decidere uno solo dei segmenti determinati;
- capire, in base a quanto rilevato, quali sono tutti i possibili bisogni che quello specifico segmento può avere;
- capire quali sono le caratteristiche che i clienti del segmento si aspettano dal loro amministratore ideale e farle proprie, mostrandole e pubblicizzandole a ogni occasione;
- elaborare la migliore offerta possibile per soddisfare i bisogni di quel segmento specifico;
- iniziare la commercializzazione del servizio, basando tutte le proprie azioni sulle 5P già illustrate.

SEGRETO n. 16: a seguito della segmentazione potremo scegliere quale strategia commerciale perseguire tra la strategia indifferenziata, la strategia differenziata e la strategia concentrata.

La definizione del vantaggio competitivo

Dopo aver segmentato e targhetizzato il mercato, prima di partire con qualsiasi azione commerciale bisogna acquisire, definire e capire come pubblicizzare una delle nostre caratteristiche più importanti: il vantaggio competitivo.

Il vantaggio competitivo è la differenza che ci separa dai concorrenti, è ciò che ci rende unici e meritevoli rispetto agli altri, è l'insieme dei nostri elementi competitivi. Gli elementi competitivi, possono essere essenzialmente di due tipi: *prezzo* e *qualità*;

Ognuna di queste due tipologie determina una strategia da seguire:

- **strategia dell'eccellenza del prezzo**: si basa sul minore guadagno sul singolo prodotto e sull'alto numero di prodotti venduti: si forniscono prodotti in linea con il resto del mercato, a prezzi molto bassi (aumento della flessibilità della domanda). Questo comporta un conseguente aumento degli utili aziendali sul totale dei prodotti venduti, mentre l'impegno dell'azienda sta nel mantenere bassi tutti i possibili costi legati al prodotto;
- **strategia dell'eccellenza della qualità**: si basa sul massimo guadagno sul singolo prodotto e sul basso numero di prodotti venduti: si forniscono prodotti di altissima qualità e innovazione rispetto al resto del mercato, a prezzi alti

(aumento della rigidezza della domanda) con conseguente aumento degli utili aziendali sul singolo prodotto venduto. L'impegno dell'azienda sta nel mantenere la percezione dei clienti verso un salto qualitativo molto grande tra noi e la concorrenza.

SEGRETO n. 17: dopo aver deciso la migliore strategia commerciale da perseguire dobbiamo definire quale sarà il vantaggio competitivo che ci porterà a utilizzare una strategia dell'eccellenza del prezzo oppure una strategia dell'eccellenza della qualità.

Sviluppi del marketing

Per capire come utilizzare al meglio lo strumento del marketing, è molto utile conoscerne prima la storia, in modo da poter apprezzare al meglio tale disciplina. In questo modo si riuscirà anche a sfruttarla in modi differenti e migliori di quanto non sia stato fatto finora.

Philip Kotler ha dato un contributo importante alla strutturazione del marketing come disciplina scientifica, sostenendo la necessità di fondare il processo decisionale di marketing su basi di maggiore scientificità. Egli imposta lo studio del marketing da un punto di vista manageriale, anziché merceologico o funzionale come avveniva prima di lui, facendolo evolvere da funzione aziendale a processo di gestione dell'intera impresa.

Con lui si sancisce il passaggio da un'azienda *production oriented* (in cui la cosa più importante è organizzare la produzione in modo che il prodotto finale derivante sia efficiente e di qualità accettabile), a un'azienda *marketing oriented*, capace di ascoltare e comprendere il mercato, individuarne i bisogni ancora insoddisfatti e rispondere con un'offerta di valore adeguato e competitivo.

Per Kotler il marketing non è un processo lineare ma circolare, fatto di ascolto, comprensione dei bisogni e delle forze che agiscono sui mercati, progettazione di prodotti o servizi in grado di rispondere alle nuove opportunità individuate, comunicazione del vantaggio proposto e distribuzione, che si susseguono interagendo e modificandosi continuamente. Egli fornisce una definizione più ampia e generale dell'attività di marketing, come «strumento per comprendere, creare, comunicare e distribuire valore».

Kotler distingue, nella storia economica recente, quattro strategie di approccio al mercato da parte dell'impresa, attraverso il modello delle 4P che è alla base del marketing mix:

- prodotto;
- prezzo;
- place (distribuzione);
- promozione.

Orientamento alla produzione: dalla rivoluzione industriale fino alla metà del novecento, il mercato è stato caratterizzato da un eccesso di offerta rispetto alla domanda. L'unica preoccupazione dell'imprenditore è ridurre i costi di produzione, azione gratificata soprattutto nei mercati in cui prevalgono beni *commodity* (basilari, di massa), e in cui quindi si può vincere la concorrenza con il prezzo.

Orientamento al prodotto: intorno agli anni Trenta del Novecento l'impresa si concentra sulla tecnologia del prodotto, piuttosto che sul consumatore. Il rischio di questa strategia è la cosiddetta "miopia di marketing", ossia non accorgersi che il fattore chiave di successo per un'azienda, non è dal lato dell'offerta ma della domanda (cioè del bisogno o funzione che il cliente deve soddisfare (rendendo quindi vani gli sforzi per sostenere un prodotto se esistono tecnologie alternative più comode, economiche ed efficaci).

Orientamento alle vendite: dagli anni Cinquanta e Sessanta del Novecento si cerca di vendere ciò che si produce. È una prospettiva del tipo *inside out*, praticata soprattutto nel breve termine e con prodotti e servizi a bassa visibilità, oppure in casi di sovra-produzione, o quando un mercato è saturo (e quindi va conquistato con la forza vendita). Anche in questo caso il rischio è di capire poco cosa desidera il consumatore finale.

Orientamento al marketing: consiste nella comprensione dei bisogni del cliente, per produrre beni e quindi soddisfarli. È una prospettiva di tipo *outside in*, o anche *pull* (capire il mercato) anziché *push* (spingere il mercato). Nasce negli ultimi anni del Novecento ed è sempre in continuo sviluppo fino ai giorni nostri.

Kotler associa al modello delle 4P il modello speculare delle 4C:

- *customer value* (valore per il cliente);
- *customer cost* (capacità strutturale dell'azienda di cambiare se

stessa e ciò che propone il mercato);

- *customer convenience* (facilità per i clienti di trovare prodotti e di interagire con l'azienda);
- *customer comunication.*

Questa impostazione vuole evidenziare l'importanza di pensare prima in termini di valore per il cliente e, solo successivamente, definire le corrispondenti attività di marketing dell'impresa.

RIEPILOGO DEL CAPITOLO 2:

- SEGRETO n. 12: La ricerca del mercato consiste in una procedura operativa composta prima da operazioni preliminari, alle quali seguono operazioni di rilievo, terminando con operazioni conclusive.
- SEGRETO n. 13: Il risultato della ricerca di mercato è la creazione del nostro personale data base clienti ovvero della nostra tabella dei dati di mercato, in modo da avere un solido punto di partenza per tutte le successive analisi di mercato che andremo a fare.
- SEGRETO n. 14: Dalla tabella dei dati di mercato, aggiungendo ulteriori informazioni che andremo a carpire tramite le telefonate, ricaveremo la nostra tabella clienti.
- SEGRETO n. 15: Quando avremo completato la nostra tabella clienti dobbiamo segmentare il mercato in gruppi di clienti aventi in comune determinate caratteristiche distintive.
- SEGRETO n. 16: A seguito della segmentazione potremo scegliere quale strategia commerciale perseguire tra la strategia indifferenziata, la strategia differenziata, la strategia concentrata.
- SEGRETO n. 17: Dopo aver deciso la migliore strategia commerciale da perseguire dobbiamo definire quale sarà il

nostro vantaggio competitivo che ci porterà a utilizzare una strategia dell'eccellenza del prezzo oppure una strategia dell'eccellenza della qualità.

CAPITOLO 3:
Come migliorare il proprio studio di amministrazione

Come posizionarsi sul mercato

Il nostro ingresso sul mercato dovrà avvenire seguendo delle procedure di marketing operativo. Quest'ultimo si può definire come l'insieme di tutte le azioni atte al conseguimento degli obiettivi definiti durante il marketing strategico.

SEGRETO n. 18: per imporci sul mercato dovremo rispettare rigidamente le procedure di marketing operativo indicate come marketing mix.

Il marketing mix

Il termine marketing mix indica la combinazione di variabili controllabili di marketing che le imprese impiegano per raggiungere i propri obiettivi. L'impresa può scegliere fra varie alternative, quella che meglio si adatta alle proprie esigenze.

Il marketing definito dall'azienda non rimane immutato nel

tempo, dovrà essere costantemente aggiustato per tenere conto dei cambiamenti che intervengono nell'ambiente, nel mercato, nell'impresa stessa.

Il marketing mix si può suddividere in cinque distinte leve: le prime quattro sono molto famose e sono denominate 4P, ossia *prodotto – prezzo – place* (cioè la distribuzione) – *promozione*. La quinta anche se meno famosa delle altre, ha comunque un valore enorme e viene denominata *posizionamento*. Definiamo le 5P del nostro marketing mix andando, per ognuna di esse, ad applicare le nozioni al mercato dell'amministrazione condominiale.

SEGRETO n. 19: il marketing mix è composto da cinque leve operative: prodotto, prezzo, place (distribuzione), promozione, posizionamento.

Il prodotto

Nel nostro caso il "prodotto" è di fatto un servizio, per cui bisogna pensare ai modi migliori per massimizzarne le caratteristiche. Se fossimo un'azienda che produce un certo prodotto, dovremmo pensare sia alle sue caratteristiche primarie (come la dimensione e la tipologia di confezione), sia alle sue caratteristiche secondarie (come il numero di modelli diversi da produrre e il numero totale di prodotti per ogni modello). Visto che ci occupiamo di amministrazione condominiale dobbiamo preoccuparci (dopo aver adeguatamente analizzato il mercato e dopo aver determinato il segmento su cui focalizzarci) di dare al nostro servizio caratteristiche base quali:

- autorità;
- sicurezza;
- stabilità;
- quantità;
- velocità;
- flessibilità;
- qualità;
- prezzo.

Ovviamente fare proprie tutte queste caratteristiche non è facile, forse è addirittura impossibile, per cui il consiglio che do a tutti è: scegliete le caratteristiche (ne basta anche una sola) che sentite più vostre e sviluppatele al massimo, in modo che la vostra clientela vi riconosca per quello che dimostrate. Attenzione, lo scegliere una caratteristica che non è nelle nostre corde, sarebbe solamente uno sforzo continuo verso noi stessi, che ci porterebbe prima o poi a irreparabili errori.

Il prezzo

Il nostro servizio deve essere venduto al giusto prezzo, e ovviamente dipende fortemente dalla tipologia di eccellenza cui aspiriamo, cioè se vogliamo improntare la nostra attività sul prezzo o sulla qualità.

Qual è il prezzo che ci può far entrare velocemente nel mercato, e al tempo stesso ci può far guadagnare? A livello di definizione del prezzo, bisogna scegliere fin da subito se vogliamo fare leva sull'economicità, o sulla qualità dei nostri servizi: dobbiamo decidere quale sarà il nostro vantaggio competitivo.

Considerando che vendiamo servizi è molto più semplice finire su una politica di eccellenza dei prezzi, perché avendo poche spese, pur di lavorare il professionista medio abbassa i prezzi delle sue prestazioni professionali. Se da un lato questa politica può davvero portare, nel breve periodo, un buon numero di clienti, dall'altro può portare a un livello di qualità percepito molto basso.

In caso decidessimo di fare una politica di eccellenza di qualità, dovremmo avere idee imprenditoriali veramente diverse dalla concorrenza. Infatti, per far funzionare una politica di questo tipo in modo vincente, l'unica soluzione è operare in regime di diversificazione (più i nostri servizi sono diversi da quelli standard offerti dal resto del mercato, più ne sarà percepito il livello qualitativo).

Il place

Considerando che vendiamo servizi, è facilmente intuibile che questa per noi non è la leva più importante, poiché essenzialmente riguarda la gestione della logistica e delle scorte. Potrebbe aumentare di spessore in caso decidessimo di creare e gestire una rete commerciale (anche esterna). Nel settore condominio, di solito, non si utilizzano reti di vendita, ma questo non vuol dire che non si possa fare: come in tutte le cose, bisogna provarci per saperlo.

La promozione

La comunicazione tra clienti e fornitori è molto importante per ogni attività professionale, per accrescere gli scambi e l'immagine aziendale. Nell'ambito del condominio, a mio parere i mezzi di comunicazione maggiormente efficaci sono:

- la pubblicità con brochure illustrative;
- le promozioni commerciali;
- le offerte;
- le telefonate;
- il mailing.

Come diventare leader di mercato

Il metodo migliore per diventare velocemente leader di mercato è utilizzare la quinta *P* del marketing mix, il *posizionamento*. Questo aspetto è, a mio parere, un fattore decisamente importante, anche se troppo spesso viene sottovalutato.

Il posizionamento è la strategia che decidiamo di mettere in atto per conquistare la nostra posizione nel mercato di riferimento. Ma come si fa a ottenere un ottimo posizionamento? Bisogna seguire i prossimi passi:

- **trovare la nostra nicchia di mercato**: nella totalità del mercato, bisogna cercare una nicchia in cui noi e solo noi saremo specializzati, e quindi riconosciuti per questo;
- **arrivare per primi**: determinata la nicchia in cui vogliamo specializzarci, dobbiamo essere sicuri (tramite le ricerche di mercato già descritte) di essere i primi a sviluppare questi

aspetti, in modo che i clienti associno noi e solo noi alla nostra nicchia di mercato;

- **battezzare la nicchia di mercato**: bisogna dare un nome alla nostra nicchia che sia il più possibile rappresentativo, accattivante, facile da ricordare e, se possibile, riconducibile alla nostra attività, in modo da legare indissolubilmente la nicchia a noi stessi;
- **dimostrare di essere i migliori**: bisogna accrescere la nostra autorevolezza con pubblicazioni, ebook, internet, corsi di formazione inerenti strettamente la nostra nicchia di mercato, in modo da essere riconosciuti da tutti come i più competenti, come i guru del nostro mercato.

L'organizzazione

In base alla mia esperienza, gli strumenti essenziali che servono per avviare l'attività di amministrazione condominiale sono essenzialmente cinque:

- l'ufficio;
- i biglietti da visita;
- le brochure illustrative;
- i siti internet;
- la figura dell'amministratore.

Tutti questi strumenti ovviamente dovranno essere studiati alla perfezione in quanto, dovranno durare per molto tempo e cambiarli sarebbe antieconomico.

Inoltre dovremo studiarli approfonditamente perché rappresenteranno il primo “colpo d’occhio” della nostra figura professionale e dovranno trasmettere il più possibile le caratteristiche del prodotto che abbiamo deciso di fare nostre. Osservandoli bene, ci si può accorgere che essi rappresentano la nostra immagine ai clienti e che, spesso, ci precederanno. Per questo devono essere perfettamente allineati e coerenti con l’immagine che vogliamo dare di noi stessi.

SEGRETO n. 20: gli strumenti essenziali per aggredire il mercato sono: l’ufficio, i biglietti da visita, le brochure illustrative, i siti internet, la figura dell’amministratore.

L’ufficio

L’ufficio sarà la base della nostra attività, per cui deve essere scelto con molta accuratezza. Le caratteristiche essenziali che devono essere proprie di un ufficio di amministrazione condominiale ben avviato sono:

- superficie in pianta da 90 mq a 110 mq – 90 mq nel caso in cui si inizi l'attività, 110 mq in caso di studio associato con due amministratori: questo per dare, nei dovuti limiti, un'idea di grandezza a tutti i clienti che passano per l'ufficio;
- trilocale/quadrilocale – atrio d'ingresso, bagno, uno o due uffici, una sala riunioni per almeno una quindicina di persone;
- zona non troppo centrale – in modo da limitare i problemi di traffico e parcheggio per i clienti e i fornitori;
- zona residenziale/condominiale – per essere da subito nel mezzo di una buona area di mercato: spesso i clienti sono quelli più vicini alla sede del nostro studio professionale, poiché sono facilitati gli incontri con i vari condòmini, ed è più facile dare loro attenzione;
- preferibilmente nel capoluogo di provincia o in uno dei paesi più popolosi della provincia stessa, per essere da subito nel mezzo di una buona area di mercato.

L'importante è che chiunque entri in ufficio abbia la sensazione di entrare in un luogo decisamente professionale, ordinato, preciso, elegante, capendo al tempo stesso che quello è il posto migliore per gestire il proprio condominio.

Per differenziarsi da un comune studio tecnico, il nostro ufficio deve letteralmente parlare di amministrazione condominiale in ogni parete, in ogni angolo, perfino in bagno. Noi siamo amministratori e il nostro ufficio deve dare l'idea di essere creato solo ed esclusivamente per operare la migliore amministrazione condominiale che si possa trovare sul mercato.

Di solito gli uffici, soprattutto per chi è alle prime armi, non si comprano ma si affittano, in modo da non andare ad appesantire troppo il bilancio economico dell'attività. Per i primi tempi, soprattutto quando non avremo molti utili, l'ufficio si può anche condividere con altre attività di servizi o con professionisti vari. Meglio con chi si occupa di attività che risultino complementari a quella che vogliamo esercitare, come architetti, ingegneri, geometri, per fare qualche esempio.

Un valido metodo per dividere le spese è fondare uno studio associato con un altro amministratore. In questo modo da un lato riusciremo a diminuire per quanto possibile le spese fisse, dall'altro potremo dare fin da subito una figura ben strutturata della nostra attività professionale. Per contro bisogna precisare che, ovviamente, si dovranno dividere anche gli utili.

I biglietti da visita

I biglietti da visita devono essere distribuiti a tutti i potenziali clienti che incontriamo fisicamente. Devono avere caratteristiche che catturino immediatamente l'attenzione, di cui i vari interlocutori si ricordino bene. Devono essere semplici, facilmente interpretabili e far capire sin da subito che la nostra è una attività che si differenzia parecchio dalle altre.

Sui biglietti da visita deve sempre e comunque spiccare il nostro logo, perché quello sarà sempre il nostro simbolo di riconoscimento, ciò per cui la gente si ricorderà visivamente di noi.

Posso quindi pensare di giocare con i colori, con i font dei testi utilizzati, con particolari (ma sempre brevissimi) messaggi che vado a riportare su di essi, con lo spessore del cartoncino utilizzato, con l'utilizzo di un solo lato o di entrambi ecc.

Se avessimo un buon ventaglio di servizi di cui ci occupiamo, potremmo anche pensare di adattare un biglietto da visita specifico per ciascuno dei servizi che vendiamo, in modo da darne ancora più visibilità.

Le brochure

Le brochure devono essere distribuite a tutti i potenziali clienti che non incontreremo fisicamente, per cui oltre alle caratteristiche proprie dei biglietti da visita, devono "raccontare" in modo esaustivo ma breve ed efficace chi siamo, cosa facciamo, perché i clienti devono scegliere noi.

A mio parere il formato migliore è l'A4, il più adatto a contenere una descrizione della nostra attività e di come essa si distingua da quella altrui, senza parlare male della concorrenza e delle sue mancanze, ma soffermandosi solamente su:

- gli aspetti che ci differenziano dai concorrenti;
- le nostre caratteristiche positive;
- i nostri valori;
- le nostre motivazioni.

Come per i biglietti da visita, se avessimo un buon ventaglio di servizi di cui ci occupiamo, potremmo anche pensare di adattare una brochure a ciascuno dei servizi che vendiamo, in modo da darne ancora più visibilità.

I siti internet

Un sito internet è sulla carta la forma più efficace ed economica per quanto concerne la pubblicità dell'attività e può potenzialmente arrivare a chiunque si avvicini alla "grande rete". Deve contenere tutto quanto indicato sia nei biglietti da visita, sia nelle brochure (eventualmente può contenere anche i file pdf scaricabili sia dei biglietti da visita, sia delle brochure illustrative).

Un sito però deve essere ovviamente più dettagliato e specifico, insomma deve contenere tutto quanto possa risultare utile per pubblicizzare la nostra attività di amministrazione.

Per questi motivi è essenziale almeno creare un sito internet generale sulla nostra attività di amministrazione condominiale. Se però pensiamo a quanto ho scritto in precedenza, per quanto riguarda il "posizionamento" (mi riferisco al fatto che occorre dimostrare di essere i migliori accrescendo la nostra autorevolezza con pubblicazioni e altri mezzi), possiamo ragionare su quanto sia positivo utilizzare la "grande rete" per accrescere la nostra immagine professionale.

Quando abbiamo un'idea che ci differenzia dalla concorrenza, documentiamoci, raccogliamo il maggior numero di informazioni possibili, adattiamola alla nostra realtà, rielaboriamola con il nostro pensiero e pubblichiamola in articoli e manuali di varia natura sul nostro specializzatissimo sito internet dedicato all'argomento. Questo modo di fare ci darà un'autorità enorme, e accrescerà notevolmente il valore della nostra attività di amministrazione.

La figura dell'amministratore

Ho tenuto per ultimo questo strumento di organizzazione della nostra attività perché questo, è senza dubbio, il più importante e al tempo stesso complicato. Per massimizzare l'impatto che avrà la nostra figura su tutti i clienti che incontreremo, dobbiamo utilizzare due dei sei meccanismi di persuasione individuati dal dott. Robert Cialdini nel suo libro *Le armi della persuasione*, ossia l'autorità e la simpatia. In poche parole dovremo costruire la nostra credibilità personale, in modo da riuscire al meglio a influenzare gli altri, muovendoli eticamente nella nostra direzione.

Aumentando la nostra credibilità (dimostrando coerenza, serietà e affidabilità), riusciremo a creare uno stato di fiducia nei nostri interlocutori, che seguiranno più facilmente ciò che gli diremo. Se non saremo credibili, saremo percepiti come approfittatori o disonesti, subendo di conseguenza danni irreparabili per la nostra attività.

Per il principio dell'autorità, per sviluppare la nostra credibilità personale dovremo fare nostre tre caratteristiche fondamentali:

- **essere i più competenti in materia**: è la caratteristica più importante, ed è quella che, di fatto, distingue i veri professionisti dai ciarlatani e comporta non pochi sacrifici in termini di tempo e di risorse da spendere. Una volta ottenuta una solida formazione, bisogna aggiornarsi costantemente, continuare a studiare la materia approfondendola sempre di più, in modo da diventarne i più quotati specialisti. Davanti ai clienti non bisogna mai affermare nulla che non possa essere provato o verificato e se ci viene posta una domanda cui non sappiamo rispondere, bisogna ammettere semplicemente che per riuscire a fornire dati precisi dobbiamo approfondire l'argomento in ufficio e che si risponderà entro una determinata data;
- **avere ottime credenziali**: le credenziali sono quella caratteristica che certifica la nostra conoscenza della materia, sviluppando nei clienti uno stato di fiducia nei nostri confronti

che di fatto aumenta la nostra credibilità: per questo motivo, dovremo sempre esplicitare le nostre credenziali che ci qualificano come esperti nel nostro campo, a tutti i nostri clienti. La prima credenziale che possiamo avere è il nostro titolo di studio, quindi, soprattutto nelle comunicazioni scritte, anteponiamola sempre al nostro nome in modo tale che venga ben recepita. La seconda credenziale la lista dei nostri clienti acquisiti da far visionare ai potenziali clienti (avendo l'accortezza di mettere per primi i nominativi di coloro che appartengono allo stesso segmento di chi deve leggere la lista, in modo che siano notate le caratteristiche simili alle loro). La terza credenziale, e forse la più potente, consiste nel dimostrare di essere i migliori, accrescendo la nostra autorevolezza con pubblicazioni, ebook, internet, corsi di formazione inerenti strettamente la nostra nicchia di mercato. Questo per fare in modo di essere riconosciuti da tutti come i più competenti, come i guru del nostro mercato;

- **avere sempre un aspetto autorevole**: bisogna curare al massimo e nei minimi particolari la nostra presenza fisica, la pettinatura, l'igiene personale, tutti fattori fondamentali che intervengono nel momento in cui incontriamo i nostri interlocutori. La nostra credibilità può essere compromessa nei primi minuti di un incontro con un cliente, semplicemente perché non abbiamo cura di questi aspetti. Il vestiario è la prima cosa che i clienti notano di noi, contribuendo in modo essenziale a come saremo percepiti. Per questo motivo si può tranquillamente dire che la prima impressione che facciamo ai clienti (che sarà molto difficile da cambiare), è determinata dal vestiario. Ogni professione ha il suo abbigliamento tipico (nell'immaginario collettivo il medico è sempre in camice bianco, l'oste ha sempre un grembiule lungo, il cameriere ha sempre il gilet nero e la camicia bianca ecc.) che la distingue dalle altre, per cui bisogna scartare sia l'abbigliamento sportivo (scarpe da ginnastica, maglioni, felpe, magliette ecc.) sia quello troppo elegante. Si può optare per pantaloni jeans, cintura e scarpe in pelle lucida (se scelte correttamente danno molta eleganza), camicia, giacca e cravatta (questi ultimi due elementi forniscono sempre innegabili caratteristiche di autorità e precisione).

Come arrivare velocemente al target di clienti scelto

Il metodo più rapido per arrivare ai clienti è utilizzare la leva della "promozione": la comunicazione e la pubblicità sono molto importanti per ogni attività professionale, per accrescere gli scambi e l'immagine aziendale.

SEGRETO n. 21: per arrivare ai clienti in modo efficace bisogna utilizzare la promozione inondando il nostro mercato obiettivo con brochure e offerte.

Determinato il target di riferimento e scelti tutti i clienti che appartengono a questo gruppo, bisogna letteralmente inondarli di brochure e di offerte. Questo perché tutti i nostri bersagli abbiano ben chiaro che siamo sul mercato e che siamo noi i professionisti che fanno al caso loro.

Innanzitutto bisogna creare delle brochure che ci inquadrino come amministratori specialisti nella nostra nicchia, cucendo su misura la nostra attività sui bisogni del target di clienti che abbiamo determinato dalle nostre analisi.

Poi andremo a distribuire le brochure a tutti i clienti, di modo che chiunque sia presente nel gruppo selezionato riceva e legga quello che siamo in grado di fare. Le brochure andranno distribuite a intervalli basati su un dato essenziale, ossia la data dell'assemblea ordinaria (determinata in precedenza durante i nostri rilievi).

Nell'assemblea ordinaria annuale, uno dei punti chiave da affrontare è la riconferma/revoca dell'amministratore, per cui più ci avviciniamo a tale data, più i nostri sforzi si dovranno concentrare.

In base alla mia esperienza consiglio di distribuire le brochure per un periodo di circa due mesi, iniziando la distribuzione a tre mesi e finendola a un mese di distanza dalla stessa. In quest'arco di tempo, per ogni "condominio obiettivo" si possono fare dalle due alle quattro passate. Non consiglio di andare oltre. Di solito, soprattutto per i grandi condomini, o nei condomini in cui i rapporti con l'amministratore in carica sono già un po' problematici, dopo aver ricevuto le brochure, qualche condomino chiama per ricevere informazioni supplementari.

SEGRETO n. 22: bisogna iniziare la distribuzione delle brochure tre mesi prima dell'assemblea ordinaria annuale, continuando per un periodo di circa due mesi, facendo dalle due alle quattro passate.

Nel mese precedente l'assemblea ordinaria, la nostra strategia deve diventare più aggressiva, per cui le brochure lasceranno spazio alle offerte. Con questa forma di promozione si passa da una descrizione di noi stessi, delle nostre caratteristiche e delle nostre metodologie per rispondere ai bisogni dei clienti, a una vera e propria proposta di amministrazione del condominio in oggetto. L'offerta non deve essere dettagliata come un preventivo (sarebbe inopportuno, in quanto nessun condomino ci ha chiesto di farglielo), ma deve comunque contenere i dati essenziali del condominio (via, numero civico, numero di unità immobiliari, numero di scale ecc.), la descrizione della nostra attività, che abbiamo inserito anche nella brochure, la motivazione dell'invio di questa offerta e, infine, la precisazione che, su richiesta degli interessati, l'offerta si tramuterà in un preventivo (gratuito) molto più dettagliato, in caso contrario ci si scuserà con i condòmini per il disagio arrecato. L'offerta deve essere consegnata circa un mese prima dell'assemblea ordinaria perché, dopo circa una settimana dalla sua consegna, bisogna iniziare un altro step di avvicinamento al condominio: le telefonate d'offerta.

SEGRETO n. 23: a un mese dall'assemblea ordinaria bisogna inviare un'offerta di massima, e dopo circa una settimana si deve proseguire l'avvicinamento al condominio iniziando le telefonate d'offerta.

RIEPILOGO DEL CAPITOLO 3:

- SEGRETO n. 18: Per imporci sul mercato dovremo rispettare rigidamente le procedure di marketing operativo indicate come marketing mix.
- SEGRETO n. 19: Il marketing mix è composto da cinque leve operative: prodotto, prezzo, place (distribuzione), promozione, posizionamento.
- SEGRETO n. 20: Gli strumenti essenziali per aggredire il mercato sono: l'ufficio, i biglietti da visita, la brochure illustrative, i siti internet, la figura dell'amministratore.
- SEGRETO n. 21: Per arrivare ai clienti in modo efficace bisogna utilizzare la promozione inondando il nostro mercato obiettivo con brochure e offerte.
- SEGRETO n. 22: Bisogna iniziare la distribuzione delle brochure tre mesi prima dell'assemblea ordinaria annuale, continuando per un periodo di circa due mesi, facendo dalle due alle quattro passate.
- SEGRETO n. 23: A un mese dall'assemblea ordinaria bisogna inviare un'offerta di massima, e dopo circa una settimana si deve proseguire l'avvicinamento al condominio iniziando le telefonate d'offerta.

CAPITOLO 4:
Come gestire i contatti con i clienti

I contatti di marketing con i clienti possono essere di due tipi: le telefonate e gli incontri. In particolare, le telefonate si dividono in telefonate informative e telefonate d'offerta, mentre gli incontri, di solito, sono solamente di una tipologia in quanto avvengono mediamente una sola volta (nell'intervallo che va dalla telefonata d'offerta alla data dell'assemblea).

SEGRETO n. 24: i contatti di marketing che avremo con un condominio tipo sono: telefonata informativa, telefonata d'offerta, incontro.

In sede di assemblea i condòmini decideranno poi se confermare l'amministratore in carica, se nominare noi come amministratori, oppure se nominare un nostro concorrente. In ogni caso i nostri contatti di marketing si esauriranno con l'eventuale incontro (*eventuale* perché essendo l'ultima fase della nostra strategia di marketing, non è detto che si verifichi per tutti i condomini contattati).

Nel caso in cui ricevessimo la nomina dall'assemblea, i contatti che avverranno dopo l'incontro non saranno più determinanti sotto l'aspetto del marketing, in quanto avremo raggiunto il nostro obiettivo e dovremo fare in modo di mantenere il condominio in questione. Nel caso in cui non ricevessimo la nomina dall'assemblea, dovremo ripetere da capo tutta la nostra strategia di marketing, ma saremo aiutati dal fatto di essere già in possesso di una tabella clienti molto dettagliata ed esaustiva sotto tutti i punti di vista.

Le tipologie di telefonate

Le telefonate dirette ai clienti, per avere l'effetto desiderato devono essere gestite correttamente, secondo un preciso schema logico prefissato. Tale schema serve per riuscire a condurre la telefonata e non a subirla, non deve essere rigido ma possibilmente flessibile, di modo da poter rispondere a tutte le esigenze espresse.

Perché fare le telefonate

Le telefonate devono essere fatte solamente quando vi è necessità e devono avere un preciso scopo, senza di esso risultano inutili, rischiando anche di arrecare gravi danni alla nostra immagine.

I motivi principali per cui andiamo a fare telefonate ai clienti sono per informarli brevemente della nostra presenza sul mercato (cercando al tempo stesso di carpire tutti i dati che ci servono per completare la fase di rilievo), o per aumentare gli effetti delle offerte che abbiamo appena consegnato.

SEGRETO n. 25: le telefonate devono sempre avere uno scopo ben preciso senza il quale non si deve contattare nessuno, in quanto si rischia di ottenere più danni che guadagni.

La telefonata informativa

Gli scopi principali della telefonata informativa sono due, ossia quello di reperire le informazioni necessarie per completare la nostra tabella clienti e quello di fornire informazioni ai clienti circa la nostra attività di amministrazione condominiale.

La presentazione della nostra attività deve essere fatta subito, appena dopo i convenevoli iniziali e deve essere semplice ed efficace, non lunga e prolissa. I dati che dobbiamo reperire dai clienti li andremo a estrapolare dagli stessi tramite l'uso di apposite domande aperte, in modo che siano essi stessi a descriverci la situazione.

È importante sottolineare che non dobbiamo insistere per ottenere queste informazioni, sarebbe rischioso poi riuscire a costruire la nostra credibilità in un secondo tempo. I condòmini devono capire bene che il motivo principale della chiamata è l'informazione della presenza della nostra attività e ci forniranno loro stessi i dati che chiediamo.

SEGRETO n. 26: la telefonata informativa serve per ricevere informazioni utili inerenti ai clienti e per dare agli stessi informazioni sulla nostra attività.

La telefonata d'offerta

Lo scopo della telefonata d'offerta è di ribadire e rafforzare gli argomenti generici contenuti nell'offerta promozionale (consegnata a tutti i condòmini circa una settimana prima della presente chiamata), cercando di indurre i condòmini a richiederci un preventivo dettagliato da portare in assemblea.

SEGRETO n. 27: la telefonata d'offerta serve per amplificare gli effetti delle offerte inviate ai clienti, in modo che questi siano invogliati a chiederci un preventivo.

Dalla telefonata d'offerta possiamo anche cercare di carpire informazioni circa la situazione che sta vivendo il condominio in un determinato periodo, in modo da poter redigere il nostro preventivo esattamente per soddisfare tutti i possibili bisogni dei condòmini.

Anche in questo caso non dobbiamo essere troppo insistenti, se troviamo dei condòmini disposti a prendere in considerazione un preventivo per il cambio di amministrazione è meglio. Mentre se troviamo persone che si trovano bene con il loro attuale amministratore, l'unica cosa positiva che possiamo fare è ribadire la nostra presenza sul mercato e la nostra più completa disponibilità nel rivedere quel condominio in futuro.

Dalla telefonata d'offerta avremo quindi due possibili uscite: o riusciremo ad approfondire la conoscenza con i condòmini disponibili a considerare un nostro preventivo, oppure in caso contrario avremo comunque aperto un varco nella loro mente, che ci permetterà di farci tenere in considerazione in futuro, in caso avessero bisogno di un altro amministratore.

La MAP delle telefonate

Sia per la telefonata informativa, sia per la telefonata d'offerta, se non riusciamo a ottenere ciò che vogliamo dovremo ripiegare sull'ottenere almeno la *MAP* (miglior alternativa possibile allo scopo prefissato) che ci eravamo prefissati. La *MAP* sarebbe riuscire a farsi dare almeno un indirizzo email in modo da ampliare ulteriormente la nostra tabella clienti: in questo modo potremo inviare (via mail, quindi gratuitamente) a questi nuovi contatti tutto il materiale pubblicitario che riterremo opportuno. (ad esempio newsletter inerenti all'attività di amministrazione). In questo modo accresceremo nel tempo la credibilità e l'autorità agli occhi di queste persone e potremo anche proporre eventuali offerte promozionali che riterremo idonee al loro segmento di mercato.

SEGRETO n. 28: le telefonate devono sempre avere una MAP (migliore alternativa possibile allo scopo prefissato) in modo tale che ogni contatto con possibili clienti sia sempre fruttuoso.

La telefonata informativa

La telefonata informativa va fatta immediatamente dopo la fase di rilievo, quando abbiamo compilato la colonna inerente ai numeri telefonici dei condòmini nella tabella clienti.

Considerando che ci presenteremo per la prima volta ai potenziali clienti, dovremo aspettarci una risposta iniziale non molto positiva, dettata dal fatto che per questo primo contatto non avremo nessuna credibilità. Inoltre bisogna considerare che ormai tutte le famiglie sono letteralmente inondate da telefonate pubblicitarie di ogni tipo, per cui i nostri interlocutori probabilmente, avranno sviluppato anche un senso di antipatia nei confronti di tutti gli estranei che verranno automaticamente marchiati come "rompiscatole" indesiderati. Se nella fase di rilievo abbiamo provveduto a consegnare, nelle cassette delle lettere personali e/o condominiali una nostra prima brochure illustrativa, possiamo menzionarla nella nostra presentazione, utilizzandola come spunto iniziale per rompere il ghiaccio dando una motivazione iniziale alla telefonata

L'oggetto della telefonata informativa

Bisogna dichiarare subito le nostre intenzioni: informare i clienti della nostra presenza sul mercato, di come siamo strutturati e chiarire la nostra professionalità.

I clienti devono capire che vogliamo solamente trasmettergli queste informazioni, devono percepire che questa è una telefonata di cortesia, che non vogliamo vendergli niente. In questo modo il clima teso iniziale si potrà distendere, consentendoci di arrivare senza costrizioni ad avere risposta alle domande che vorremmo porre.

Nel momento in cui riusciamo a instaurare un dialogo, dopo la nostra breve presentazione, se capiamo che la persona all'altro capo del telefono è recettiva, possiamo passare al secondo scopo della telefonata, ossia raccogliere informazioni utili per completare la nostra tabella clienti. Le informazioni che ci serve ottenere dalla telefonata informativa sono:

- la data dell'assemblea ordinaria annuale: in base a tale data definiremo le modalità operative di tutte le nostre strategie, ossia quando concentrare i nostri sforzi su un determinato condominio;
- il nome dell'amministratore in carica: in modo tale da poter conoscere meglio i nostri concorrenti, in base al numero di clienti che hanno;

- aspetti positivi e negativi dell'amministratore in carica: in modo tale da poter conoscere meglio i nostri concorrenti, in base alle caratteristiche del servizio che offrono;
- il grado di soddisfazione verso il servizio reso al condominio dall'amministratore in carica: in modo da riuscire a ottenere qualche argomento su cui andare a far leva in futuro sul condominio.

Durante la telefonata informativa ci sono anche aspetti dei condòmini che andremo a carpire durante il dialogo, senza fare domande ma ascoltandoli semplicemente con molta attenzione:

- **propensione all'ascolto di nuove proposte**: questo aspetto ci permetterà di capire quali condòmini dell'edificio in oggetto potremo richiamare in futuro e quali invece non dovremo più disturbare. In una palazzina ci sono sempre persone che più di altre si preoccupano del bene comune (e ovviamente ci sono anche individui che si disinteressano completamente di queste cose, demandando ad altri tali incombenze). Quindi, sono questi i soggetti che dobbiamo individuare, in modo da concentrare su di essi i nostri sforzi futuri;
- **propensione al cambio di amministrazione**: in base a come i vari soggetti intervistati parleranno del loro amministratore in

carica, capiremo se il condominio in oggetto è pronto a cambiare il suo gestore o meno. In base a questo aspetto decideremo anche se l'edificio in questione rientra o no nei nostri obiettivi;

- **situazione del condominio**: le parole dei soggetti intervistati ci potranno svelare se il condominio in oggetto è problematico o meno, per cui potremo stabilire da subito se ci conviene proseguire o no con le nostre azioni commerciali.

La scaletta della telefonata informativa

Come ho anticipato prima, bisogna stabilire a priori quello che vogliamo ottenere dalle telefonate, di modo da essere in grado di condurre tutte le fasi della conversazione e non di subirla.

Una possibile scaletta della nostra telefonata informativa è la seguente:

- **saluto iniziale**: prima di tutto dobbiamo qualificarci e dire chi siamo, poi fare riferimento alle eventuali brochure consegnate, infine chiedere il permesso di proseguire (in questo modo non risulteremo troppo invadenti, inoltre i soggetti che ci daranno il consenso a continuare risulteranno sicuramente comunicativi) per un tempo di circa un minuto;

- **breve presentazione**: informiamo i clienti di ciò di cui ci occupiamo, della nostra professionalità, di come ci differenziamo dai concorrenti e delle nostra autorità in materia di amministrazione condominiale, in modo preciso e breve, per un tempo di circa due minuti;
- **domande**: fino a questo momento abbiamo parlato quasi esclusivamente noi, ma per ottenere le informazioni che vogliamo, dobbiamo far partecipare alla conversazione anche i nostri interlocutori. Il modo migliore è quello di porre loro delle domande aperte (sono domande aperte tutte quelle domande che iniziano con le parole *perché*, *cosa*, *come*, *in che modo*, ossia tutte quelle domande alle quali bisogna rispondere con una frase e non con una singola parola), in modo da far sì che parlino il più possibile per rispondere ai nostri quesiti, per un tempo totale di quattro minuti;
- **eventuale approfondimento dei nostri servizi**: dopo la fase delle domande, e solo se gli interlocutori lo richiedano, possiamo approfondire la nostra presentazione iniziale in tutti gli aspetti che riterremo opportuni (puntando comunque sempre sulla nostra autorità in materia e sugli aspetti distintivi), in modo da soddisfare eventuali curiosità dei clienti, per un tempo totale di due minuti;

- **conclusione**: alla fine della telefonata dobbiamo rinnovare la nostra più totale disponibilità, lasciando i nostri riferimenti (recapiti, numeri telefonici, orari di ricevimento ecc.) e fissando le basi per una prossima comunicazione che potrà essere scritta (tramite altre brochure o tramite offerte) oppure ancora telefonica, per un tempo totale di un minuto.

Questa è una scaletta tipo, dalla quale si possono sviluppare molti scenari come ad esempio:

- **interlocutore di tipo 1**: non interessato: svilupperemo i punti 1 e 5, per una durata totale di due minuti;
- **interlocutore di tipo 2**: indeciso: svilupperemo i punti 1, 2, 3, 5, per una durata totale di otto minuti;
- **interlocutore di tipo 3**: interessato: svilupperemo tutti i punti da 1 a 5, per un totale di dieci minuti.

Come si può vedere, in questo modo la telefonata informativa non porta via troppo tempo al nostro interlocutore (da 2 a 10 minuti), ma in ogni caso ci permette di inquadrarlo per le nostre eventuali comunicazioni future, eseguendo di fatto una prima scrematura.

L'interlocutore interessato sarà il primo ad essere ricontattato, perché è già deciso di per sé, non dovremo essere noi a convincerlo; inoltre sarà molto probabile che ci richiederà un preventivo e ci presenterà ad altri condòmini interessati o indecisi, per proporci come nuovi amministratori.

L'interlocutore indeciso sarà ricontattato solamente dopo quello interessato, o se in un determinato condominio non ci dovesse essere un interlocutore di tipo 3 (perché può essere interessato ma non deciso, nel qual caso dovremmo essere noi a convincere lui e gli altri condòmini di questo tipo).

L'interlocutore non interessato non sarà più oggetto delle nostre comunicazioni perché è contento dell'amministratore attuale e non lo vuole cambiare. Oppure non è un soggetto che si preoccupa della cosa comune, quindi è inutile se non dannoso proseguire i nostri sforzi con questo tipo di condomino.

La distinzione in queste tre tipologie e il relativo inserimento nella nostra tabella clienti, ci daranno una preziosa informazione:

- se in una palazzina ci saranno molti condòmini non interessati, difficilmente potrà avvenire a breve un cambio di amministrazione, perché tutti i soggetti sono contenti dell'amministratore in carica, o non sono interessati alla gestione della cosa comune. Per questo dovremo impiegare tempo e sforzi non indifferenti e sarà molto difficile convincerli;

- se in una palazzina ci saranno molti condòmini indecisi, probabilmente prima o poi ci sarà un cambio di amministrazione, ma non nell'immediato, salvo non si introducano nuovi fattori che forzino un po' la situazione (ad esempio forti pressioni pubblicitarie e/o promozionali, preventivi veramente accattivanti ecc.);
- se in una palazzina ci saranno molti condòmini interessati, molto probabilmente ci sarà nell'immediato (sicuramente nella assemblea ordinaria annuale) un cambio di amministrazione. Questi devono essere gli obiettivi principali della nostra campagna di marketing, in quanto dovremo impiegare poco tempo e lievi sforzi e per convincerli.

La telefonata d'offerta

Prima di parlare dettagliatamente della telefonata d'offerta, ritengo opportuno ricordare, con poche e semplici righe, tutti i casi in cui è obbligatorio nominare un amministratore, quando questa figura può essere revocata, come può essere nominato e revocato.

Modalità di nomina e revoca di un amministratore

La nomina dell'amministratore è obbligatoria, ai sensi dell'art. 1129 c.c., quando i condomini sono più di quattro. L'articolo in questione è inderogabile, quindi non sono ammissibili clausole regolamentari o patti sottoscritti all'unanimità dai condomini che modifichino i principi voluti dal legislatore.

La nomina dell'amministratore spetta all'assemblea. La giurisprudenza ha ritenuto che la nomina dell'amministratore rientri nell'ordinaria amministrazione dell'edificio, per cui la convocazione deve essere indirizzata all'usufruttuario del singolo piano o porzione di piano e non al nudo proprietario (Cass. n. 124/1978). La maggioranza necessaria per la nomina del nuovo amministratore è costituita da un numero di voti che rappresenti la maggioranza degli intervenuti, e almeno la metà del valore dell'edificio (art. 1136, II comma, c.c.).

L'art. 1129, II co. c.c. dispone che «l'Amministratore dura in carica un anno e può essere revocato in ogni tempo dall'assemblea». Per la conferma si richiede la delibera dell'assemblea dei condomini da adottarsi con le maggioranze prescritte per la nomina ai sensi dell'art. 1136, IV co., c.c.

L'amministratore può rinunciare all'incarico prima della scadenza del mandato. Le dimissioni non richiedono giustificazioni, potendo l'amministratore addurre sia ragioni di carattere personale, sia ragioni di opportunità. Per consolidata giurisprudenza l'amministratore cessato, e quindi anche quello dimissionario, deve continuare a esercitare le proprie funzioni finché non viene sostituito (Cass. n. 2214/1976; Cass. n. 572/1976).

L'art. 1129 c.c. al II comma disciplina la revoca dell'amministratore da parte dell'assemblea. Per quanto l'art. 1129 preveda la facoltà dei condomini di revocare, in ogni tempo e in presenza o assenza di giusta causa, l'amministratore (la revoca dello stesso può avvenire solo in sede di assemblea ordinaria/straordinaria), l'art. 66 disp. att. c.c. prevede altresì che «l'assemblea, oltre che annualmente in via ordinaria per le deliberazioni indicate dall'art. 1135 c.c., può essere convocata in via straordinaria quando ne è fatta richiesta all'amministratore da almeno due condomini che rappresentino un sesto del valore dell'edificio, decorsi inutilmente dieci giorni dalla richiesta i detti condomini possono provvedere direttamente alla convocazione». La revoca dell'amministratore potrà essere adottata dall'assemblea con le maggioranze previste dal II e IV comma dell'art. 1136 c.c., ossia con un numero di voti che rappresenti la maggioranza degli intervenuti e almeno la metà del valore dell'edificio. La revoca può avvenire anche attraverso la nomina di un nuovo amministratore, come stabilito sopra, poiché trattandosi di un rapporto di mandato, tale nuova nomina comporta la revoca implicita dell'amministratore precedente.

L'art. 1129 c.c. al III comma disciplina la revoca dell'amministratore da parte dell'autorità giudiziaria. Diversamente, l'amministratore può essere revocato dall'Autorità Giudiziaria su ricorso di ciascun condomino se per due anni non ha reso conto della sua gestione, se vi sono fondati sospetti di irregolarità e se per un procedimento giudiziario che esorbita dalle sue attribuzioni, non ne da notizia all'assemblea. Per quel che riguarda il procedimento di revoca la relativa istanza va rivolta da uno o più condomini al Tribunale, che decide in Camera di Consiglio con decreto motivato, sentito l'Amministratore (Cass. n. 849/1967). Avverso il provvedimento di revoca può essere proposto reclamo alla Corte di Appello nel termine di dieci giorni dalla notificazione (ari. 64, disp. att. c.c.).

Da tutto quanto esposto, anche se l'amministratore di condominio può essere revocato in qualsiasi momento dell'anno di gestione, risulta abbastanza evidente che il momento migliore (anche se non è detto che se ne possano trovare altri) per un cambio di amministrazione risulta essere quello dell'assemblea ordinaria annuale.

Uno dei teorici momenti di debolezza di un amministratore è proprio l'assemblea ordinaria annuale, perché all'ordine del giorno di tale assemblea, è legislativamente obbligatorio inserire un punto inerente alla nomina/revoca/conferma dell'amministratore e all'adeguamento del suo compenso. Inoltre in un condominio tipo, è molto improbabile che tutti i condòmini siano sempre contenti dell'operato dell'amministratore, per cui non c'è momento migliore di questo in cui una buona parte dei condòmini è già riunita.

Quando fare la telefonata d'offerta

La telefonata d'offerta va fatta una settimana dopo rispetto alla data di consegna della nostra offerta economica preliminare al condominio obiettivo (in modo tale che sia passato abbastanza tempo per non far irritare i condòmini e da non far passare troppo tempo per non far dimenticare l'offerta consegnata). In ogni caso circa tre settimane dalla data presunta dell'assemblea ordinaria annuale, in modo tale da dare ai condòmini il tempo necessario per pensare bene a quanto scritto e detto, per confrontare la nostra offerta/preventivo con i costi presentati nel consuntivo dell'anno appena chiuso dall'amministratore in carica, e per parlarne prendendo la giusta decisione.

Dalla telefonata informativa inoltre, aggiornando la nostra tabella clienti abbiamo già inquadrato tutti i condòmini in tre gruppi: i soggetti non interessati, i soggetti indecisi, i soggetti interessati. Ovviamente dovremo iniziare a contattare tutti i condòmini interessati (in una palazzina più soggetti appartengono a questo gruppo, e più possibilità ci sono che a breve termine ci sarà un cambio di amministrazione). Solo in seguito passeremo ai condòmini indecisi (visto che essi non saranno molto facili da convincere, li contatteremo dopo i condòmini interessati, in modo da farci aiutare anche da questi ultimi, che essendo decisamente interessati e decisi, ben si presteranno a parlare con gli altri condòmini). Lasceremo completamente perdere invece i soggetti non interessati (non vogliono essere informati, quindi non li disturberemo).

L'oggetto della telefonata d'offerta

Al contrario di quanto avviene per la telefonata informativa, in questo caso saremo sempre preceduti da un'offerta, sulla quale faremo ruotare tutto il filo del discorso. Lo scopo primario della telefonata d'offerta è spingere i nostri interlocutori a richiederci un preventivo dettagliato, in un momento molto delicato sul fronte amministrazione, il periodo dell'assemblea ordinaria annuale.

La telefonata d'offerta è quindi un tentativo etico di persuasione da parte nostra verso i soggetti contattati. Etico, perché non dovremo per nessun motivo andare a convincere scorrettamente i nostri potenziali clienti (divulgando informazioni non veritiere sui nostri concorrenti, specialmente nei confronti dell'amministratore in carica, sovrastimando le caratteristiche dei nostri servizi, facendo false promesse ecc.). Infatti, in questo modo rischieremmo di perdere da subito la nostra credibilità andando sicuramente incontro a forti problemi, che ci porterebbero a

perdere entro breve gli eventuali clienti appena acquisiti.
Per massimizzare l'impatto che avrà la telefonata d'offerta su tutti i clienti contattati, dovremo utilizzare altri due dei sei meccanismi di persuasione individuati dal dott. Robert Cialdini nel suo libro *Le armi della persuasione* (oltre a quelli dell'autorità e della simpatia descritti nel capitolo precedente, in merito alla figura dell'amministratore), ossia la scarsità e la coerenza. In poche parole, oltre a costruire la nostra credibilità personale (in modo da riuscire al meglio a influenzare gli altri muovendoli eticamente nella nostra direzione), dovremo costruire il nostro discorso procedendo per piccoli step facili da comprendere e accettare.

Motivando la scelta dei nostri servizi in termini positivi di guadagno, fiducia e trasparenza, oppure condannando la situazione attuale in termini negativi di perdita, preoccupazione e confusione.

I clienti devono capire che non siamo noi a voler imporre i nostri servizi, ma è conveniente per loro nominare noi come amministratori del loro condominio. In questo modo, saranno molto più motivati nei nostri confronti e, cosa molto più importante, la nostra credibilità arriverà ai massimi livelli.

La scaletta della telefonata d'offerta

Anche per la telefonata d'offerta, è essenziale stabilire a priori quello che vogliamo ottenere. In più a mio avviso, visto che in questo caso si tratta di discorsi di persuasione, dobbiamo essere veramente precisi nella definizione della scaletta della telefonata, di modo da ottenere i preziosissimi effetti desiderati, cioè la motivazione dei soggetti contattati, e la richiesta formale di un preventivo di amministrazione.

Il consiglio che mi sento di dare è di tenere sempre ben presente che non dobbiamo mai supplicare nessuno per poter fare un preventivo. Con le nostre comunicazioni (scritte e/o verbali) dobbiamo fare in modo che i nostri servizi vengano percepiti da tutti come i migliori e i più vantaggiosi, in modo che siano gli altri a venire da noi in quanto siamo i migliori nella nostra nicchia. Una possibile scaletta della telefonata d'offerta è la seguente:

- **saluto iniziale**: prima di tutto dobbiamo qualificarci e dire chi siamo, poi facciamo riferimento prima alle telefonate intercorse, e poi all'offerta che «ci siamo permessi di mandare in quanto, dai discorsi fatti, ci era sembrato che in questo condominio era opinione diffusa che fosse necessario un cambio di amministrazione». Poi chiediamo il permesso di proseguire (in questo modo non risulteremo troppo invadenti, inoltre i soggetti che ci daranno il consenso a continuare risulteranno sicuramente comunicativi), per un tempo di circa un minuto;

- **breve descrizione della possibile situazione attuale e dei possibili miglioramenti ottenibili utilizzando il principio della coerenza**: prima ricordiamo ai nostri interlocutori la situazione che ci è stata descritta nell'ultima telefonata, associandovi termini negativi. Poi iniziamo a presentare i vantaggi che avrebbero con i nostri servizi, associandovi termini positivi. Procediamo a piccoli passi, e teniamo sempre presente che alla fine di ogni step dovremo chiedere un feed-back di conferma della loro posizione in merito, per un tempo di circa quattro minuti;
- **breve descrizione dei vantaggi competitivi che apportiamo, utilizzando il principio della scarsità**: ora dovremo entrare nel particolare andando a descrivere i nostri vantaggi competitivi in termini di guadagno ottenibile dal cliente (basati sul tipo di strategia che abbiamo deciso di adottare, ossia se abbiamo optato per una strategia dell'eccellenza della qualità, oppure per una strategia dell'eccellenza del prezzo), oppure

andando a descrivere la situazione sfavorevole che purtroppo continuerebbe a protrarsi nel tempo, in caso i clienti perdessero l'opportunità di avvalersi di noi, per un tempo di circa quattro minuti;

- **concludere utilizzando la strategia push/pull**: alla fine della telefonata dobbiamo anzitutto rinnovare la nostra più totale disponibilità, e la nostra assoluta determinazione a prendere in gestione quel condomino. Poi dobbiamo mettere al corrente i nostri interlocutori che, se non ci saranno determinati presupposti per iniziare il nostro rapporto di lavoro, non potremo essere d'aiuto e dovremo farci da parte (più saremo convincenti nella parte positiva del push, e più la parte negativa finale del pull avrà il suo effetto, che è quello di creare nell'interlocutore il fortissimo desiderio di avere noi come suoi amministratori) per un tempo di circa tre minuti.

Se seguiremo la scaletta sopra descritta, utilizzando i principi di persuasione della coerenza e della scarsità, facendo culminare la telefonata d'offerta con la strategia push/pull, saremo sicuri di essere nella migliore delle posizioni per chiudere la comunicazione, e avremo gettato solidissime basi per diventare gli amministratori del condominio in oggetto.

L'incontro

Oltre che per le telefonate, anche prima dell'incontro è essenziale stabilire a priori quello che vogliamo ottenere. Visto che in questo caso si tratta di confermare e rafforzare i discorsi di persuasione che abbiamo iniziato nella telefonata d'offerta, dobbiamo essere molto precisi nella definizione della scaletta dell'incontro.

SEGRETO n. 29: come accade per le telefonate, gli incontri devono sempre avere uno scopo ben preciso, senza il quale risulteremo dilettanti improvvisati agli occhi dei potenziali clienti.

Anche in questo caso vale il consiglio che ho dato per le telefonate, non dobbiamo mai supplicare nessuno per poter offrire un servizio. Con le nostre comunicazioni (scritte e/o verbali) dobbiamo essere percepiti da tutti come i migliori e i più proficui, in modo che siano gli altri a venire da noi in quanto siamo i migliori nella nostra nicchia.

SEGRETO n. 30: con la nostra comunicazione dobbiamo creare la nostra credibilità grazie alla quale saranno i clienti a

richiedere i nostri servizi che saranno percepiti come i migliori e i più vantaggiosi.

Il tema principale dell'incontro è l'illustrazione del nostro preventivo al nostro interlocutore, comprensivo della spiegazione su come i nostri servizi andranno a creare guadagno per il condominio. Tale documento deve essere il più semplice, preciso e trasparente possibile, non deve lasciare spazio a possibili fraintendimenti, che porterebbero a una percezione di confusione e macchinosità nei confronti dei nostri servizi.

L'innegabile vantaggio dell'incontro rispetto alle telefonate, è che di persona potremo massimizzare la nostra autorità sui nostri interlocutori. Potremo (attraverso la nostra comunicazione non verbale) fissare meglio nella mente di chi ci sta davanti tutti i concetti che vogliamo far passare, e al tempo stesso (attraverso i segnali di gradimento lanciati dall'inconscio di questa persona) capiremo molto meglio quello che pensa il nostro interlocutore.

La scaletta dell'incontro

La scaletta dell'incontro è essenzialmente uguale a quella della telefonata d'offerta, l'unica cosa che cambia è che i tempi a nostra disposizione saranno superiori (dovremo stare molto attenti alla gestione dei tempi, in modo da non risultare noiosi o troppo pressanti).

Una possibile scaletta dell'incontro è la seguente:

- saluto iniziale: ci presentiamo ed evidenziamo le nostre caratteristiche che ci differenziano dagli altri, per un totale di cinque minuti;
- descrizione della situazione attuale e dei possibili miglioramenti ottenibili, illustrandoli nel preventivo utilizzando il principio della coerenza: proseguiamo descrivendo minuziosamente il preventivo preparato andando a evidenziare i vantaggi descritti in precedenza, per un tempo di circa dieci minuti;
- descrizione dei benefici che porterebbero i nostri vantaggi competitivi utilizzando il principio della scarsità: dovremo descrivere i nostri vantaggi competitivi, estrapolandoli dal preventivo, oppure andando a descrivere la situazione sfavorevole che purtroppo continuerebbe a protrarsi nel tempo, in caso i clienti perdessero l'opportunità di avvalersi di noi, per un tempo di circa dieci minuti;
- conclusione utilizzando la strategia push/pull: alla fine

dell'incontro dobbiamo sfruttare il clima molto positivo creato in precedenza con la leva della scarsità (creazione della parte positiva del push). Ma dobbiamo mettere al corrente i nostri interlocutori che qualora non ci fossero determinati presupposti per iniziare il nostro rapporto di lavoro, non potremo essere d'aiuto, e dovremo farci da parte (parte negativa finale del pull), per un tempo di circa cinque minuti.

A questo punto, dopo aver distribuito le brochure, aver effettuato la telefonata informativa, aver consegnato le offerte, aver eseguito la telefonata d'offerta, aver redatto il preventivo e aver incontrato i potenziali clienti, dovremo aspettare l'esito dell'assemblea di condominio che deciderà se saremo o no i loro prossimi amministratori. In caso non fossimo scelti per questo ruolo, ma avendo già dimostrato e massimizzato nei confronti dei condòmini la nostra credibilità, al momento che riterremo giusto non dovremo far altro che ripetere minuziosamente le operazioni descritte in questo capitolo, niente più.

RIEPILOGO DEL CAPITOLO 4:

- SEGRETO n. 24: I contatti di marketing che avremo con un condominio tipo sono: telefonata informativa, telefonata d'offerta, incontro.
- SEGRETO n. 25: Le telefonate devono sempre avere uno scopo ben preciso senza il quale non si deve contattare nessuno, in quanto si rischia di ottenere più danni che guadagni.
- SEGRETO n. 26: La telefonata informativa serve per ricevere informazioni utili inerenti ai clienti e per dare agli stessi informazioni sulla nostra attività.
- SEGRETO n. 27: La telefonata d'offerta serve per amplificare gli effetti delle offerte inviate ai clienti, in modo che questi siano invogliati a chiederci un preventivo.
- SEGRETO n. 28: Le telefonate devono sempre avere una MAP (miglio alternativa possibile allo scopo prefissato) in modo tale che ogni contatto con possibili clienti sia sempre fruttuoso.
- SEGRETO n. 29: Come accade per le telefonate, gli incontri devono sempre avere uno scopo ben preciso, senza il quale risulteremo dilettanti improvvisati agli occhi dei potenziali clienti.

- SEGRETO n. 30: Con la nostra comunicazione dobbiamo creare la nostra credibilità grazie alla quale saranno i clienti a richiedere i nostri servizi che saranno percepiti come i migliori e i più vantaggiosi.

Conclusione

Con questo manuale sul marketing condominiale spero di essere stato d'aiuto per tutti i professionisti che si occupano di questo settore, da chi è all'inizio della sua carriera, a chi ha già un'attività ben avviata ma che si vuole sempre aggiornare e mettere in gioco.

Ribadisco ancora una volta che tutto quello che ho scritto in questo libro, arriva direttamente dalla mia esperienza personale, dal mio modo di apprendere la teoria nascosta e diluita in tantissimi testi e di come la adotto nella pratica di tutti i giorni. Per questo non pretendo assolutamente che sia sempre tutto giusto, e che quanto scritto si adatti perfettamente a tutte le possibili situazioni lavorative, ma posso tranquillamente affermare che con me ha funzionato alla perfezione.

Certo, come in tutte le attività professionali non si può sperare che tutto sia sempre facile e che i clienti ci piovano dal cielo senza sforzi solo perché decidiamo di avviare la nostra attività. Il successo è sempre commisurato ai sacrifici svolti, per cui prima di pensare agli altissimi guadagni che avremo con questo tipo di attività, dobbiamo pensare che dovremo impegnarci e non poco per costruire giorno dopo giorno la nostra credibilità, e la nostra carriera di amministratori.

Da questa guida abbiamo imparato prima come capire il mercato, poi come direzionare la nostra attività in modo da creare i presupposti per diventarne i leader, ed in fine ci siamo occupati di come affrontare ogni tipologia di contatti che dovremo avere con i potenziali clienti.

Come si può capire da quanto scritto, l'attività di marketing rapportata al mondo del condominio è molto impegnativa, in quanto richiede cospicui sforzi per riuscire al meglio ad ottemperare a tutte le operazioni necessarie. Ma vi posso assicurare che essere in grado di padroneggiare al meglio delle nostre possibilità le tecniche descritte, rappresenta un vantaggio enorme nei confronti della concorrenza.

Le tecniche descritte, infatti, soprattutto nel campo dell'amministrazione di condominio, non sono molto conosciute e di conseguenza non vengono di regola applicate in quanto nessuno si preoccupa di questi aspetti. Inoltre si può tranquillamente riscontrare che la letteratura non aiuta di certo, in quanto tratta sempre concetti molto teorici e accademici, sicuramente di non facile applicazione al mondo del condominio.

Per estrapolare tutte le nozioni che ho inserito in questo corso, ho dovuto scartabellare una serie molto lunga di libri e guide di marketing, ed estrarre man mano i concetti che ritenevo più idonei tra tutti quelli letti e studiati. È stato un lavoro molto lungo, a volte anche noioso, e vi sono riuscito semplicemente per un motivo: ho sempre avuto ben presente quello che volevo ottenere.

È la nostra volontà che ci direziona e ci aiuta in tutto quello che facciamo, se non l'abbiamo non fasciamoci inutilmente la testa evitando perdite di tempo ed infruttuosi investimenti economici. Ma se siamo veramente motivati e tecnicamente preparati, non ci sarà davvero nessuno che ci potrà fermare perché saremo noi i migliori, punto.
Questa guida non è stata fatta per chi spera inutilmente di trovare un lavoro che permetta guadagni facili, magari pensando che il modo migliore per ottenere risultati economici sia quello di

raggirare le persone, oppure di tenere i clienti in uno stato di ignoranza fornendo sempre servizi approssimativi, fumosi, inadatti e comunque sconvenienti.

Questa guida è stata pensata per fissare i giusti concetti di crescita professionale per tutte le persone che come me, hanno una voglia incredibile di emergere dalla massa, di costruire mattone dopo mattone una propria attività vincente, di divenire il leader del proprio mercato, in poche parole di essere i migliori in quello che fanno.

www.ingramcontent.com/pod-product-compliance
Ingram Content Group UK Ltd.
Pitfield, Milton Keynes, MK11 3LW, UK
UKHW022016190726
13853UKWH00005B/1962